AF494156

Publication de la France Littéraire,
JOURNAL DE LA LITTÉRATURE, DES SCIENCES ET DES ARTS.

ALBUM DU SALON DE 1840

COLLECTION DES PRINCIPAUX OUVRAGES

DE

PEINTURE, SCULPTURE, ARCHITECTURE, AQUARELLE, GRAVURE, LITHOGRAPHIE,

EXPOSÉS AU LOUVRE

reproduits par les artistes eux-mêmes, ou sous leur direction,

PAR MESSIEURS

Atophe, Léon Noël, W. Wild, De Dreux, Français, Champin, Tirpenne, Emile Lassalle, Bour, Desmaisons,
E. Cicéri, Mouilleron, Sorrieu, Challamel, etc., etc.

AVEC UNE

PRÉFACE PAR LE BARON TAYLOR.

TEXTE PAR JULES ROBERT.

1re Livraison.

PARIS

CHALLAMEL ET Cie, ÉDITEURS, RUE DE L'ABBAYE, 4;

A LA LIBRAIRIE DE LA REINE ET DE SON ALTESSE ROYALE LE DUC D'ORLÉANS,
Rue Neuve-Saint-Augustin, 55;

GIROUX, RUE DU COQ—ST—HONORÉ; — SUSSE FRÈRES, PLACE DE LA BOURSE;

RITTNER ET GOUPIL, BOULEVARD MONTMARTRE;

AUBERT, GALERIE VÉRO-DODAT;

Dans tous les dépôts de publications pittoresques, et chez tous les libraires et correspondants de l'étranger.

Paris. — Imprimerie de Ducessois, 55, quai des Grands-Augustins. (Près le Pont-Neuf.)

ALBUM

DU SALON DE 1840

Publication de la *France Littéraire*

REVUE DE LA LITTÉRATURE, DES SCIENCES ET DES ARTS.

PARIS

IMPRIMERIE DE DUBUISSON, 55, QUAI DES GRANDS-AUGUSTINS

(PRÈS LE PONT-NEUF.)

ALBUM

DU SALON DE 1840

COLLECTION DES PRINCIPAUX OUVRAGES

EXPOSÉS AU LOUVRE

Reproduits par les Peintres eux-mêmes,

OU SOUS LEUR DIRECTION,

Par MM. Alaux, Biard, Bard, H. Vernet, Flandrin, Champin, Français, Garnier, Pujol, Lamoureux, Roqueplan, Mozin, Pérignon, Steuben, etc.

AVEC UNE

PRÉFACE PAR LE BARON TAYLOR.

TEXTE PAR JULES ROBERT.

L'amitié ou l'antipathie, et quelquefois même la haine, n'ont que trop souvent présidé aux revues critiques des expositions de peinture. Quant à nous, notre seul but, en publiant cet Album, est de mettre sous les yeux des amateurs de beaux-arts et des étrangers, les plus belles productions des célébrités artistiques de la France.

Artistes nous-mêmes, nous espérons servir la cause des artistes, auxquels nous dédions cet ouvrage.

CHALLAMEL.

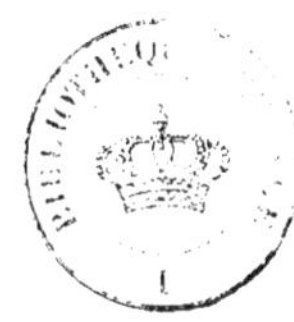

PARIS.

CHALLAMEL, ÉDITEUR,

AU BUREAU DE LA FRANCE LITTÉRAIRE, RUE DE L'ABBAYE, 4.

1840

Publication de la France Littéraire,
JOURNAL DE LA LITTÉRATURE, DES SCIENCES ET DES ARTS.

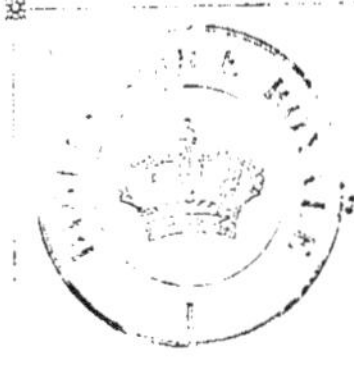

ALBUM DU SALON DE 1840

COLLECTION DES PRINCIPAUX OUVRAGES

DE

PEINTURE, SCULPTURE, ARCHITECTURE, AQUARELLE, GRAVURE, LITHOGRAPHIE,

EXPOSÉS AU LOUVRE,

REPRODUITS PAR LES ARTISTES EUX-MÊMES, OU SOUS LEUR DIRECTION,

PAR MESSIEURS

Adolphe, Léon Noel, W. Wild, De Dreux, Français, Champin, Tirpenne, Emile Lassalle, Beur, Desmaisons, Monthelon, Sorrieu, Challamel, etc., etc.

AVEC UNE

PRÉFACE PAR LE BARON TAYLOR,

TEXTE PAR JULES ROBERT.

L'amitié ou l'antipathie, et quelquefois même la haine, n'ont que trop souvent présidé aux revues critiques des expositions de peinture. Quant à nous, notre seul but, en publiant cet Album, est de mettre sous les yeux des amateurs de beaux-arts et des étrangers les plus belles productions des célébrités artistiques de la France.

Artistes nous-mêmes, nous espérons servir la cause des artistes, auxquels nous dédions cet ouvrage.

CHALLAMEL.

Cet Album paraîtra par livraison les mercredi et samedi de chaque semaine, à partir du 29 février jusqu'à la fin de l'Exposition.

La livraison se composera de deux dessins et de quatre pages de texte in-4°, papier vélin satiné, imprimé en caractères neufs, avec le plus grand soin, par M. Ducessois.

PRIX DE LA LIVRAISON :

Papier blanc . . . . 2 fr.
Pour les abonnés à la FRANCE LITTÉRAIRE. . 1 fr. 50 c.
Papier de Chine . . . . 3 fr.
Pour les abonnés à la FRANCE LITTÉRAIRE. . 2 fr. 25 c.

PARIS

CHALLAMEL ET Cⁱᵉ, ÉDITEURS, RUE DE L'ABBAYE, 4;

À LA LIBRAIRIE DE LA REINE ET DE SON ALTESSE ROYALE LE DUC D'ORLÉANS,
Rue Neuve-St-Augustin, 55;

GIROUX, RUE DU COQ-SAINT-HONORÉ; — SUSSE FRÈRES, PLACE DE LA BOURSE;

RITTNER ET GOUPIL, BOULEVARD MONTMARTHE;

AUBERT, GALERIE VÉRO-DODAT;

Et chez les principaux libraires et marchands d'estampes de France.

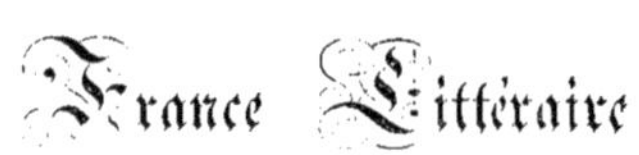

France Littéraire

NEUVIÈME ANNÉE

JOURNAL DE LA LITTÉRATURE, DES SCIENCES ET DES ARTS,

Paraissant les 10, 20 et 30 de chaque mois.

PRIX DE L'ABONNEMENT :

Paris . . . . . un an 25 fr., six mois 13 fr., trois mois 7 fr.
Départements . — 30 fr., — 16 fr., — 9 fr.

BUREAUX, RUE DE L'ABBAYE, 4. (FAUB. S.-GERM.)

Paris. — Imprimerie de DUCESSOIS, 55, quai des Grands-Augustins. (Près le Pont-Neuf.)

PRÉFACE

La critique d'art ne manque en France ni d'élévation, ni de science : elle possède surtout un grand attrait d'esprit, un grand charme de style : mais souvent peut-être elle apporte dans sa polémique des dispositions trop ardentes, trop passionnées, des prédilections trop intéressées ou des antipathies trop aveugles, pour qu'elle puisse être impartiale.

Dominée par des entraînements irréfléchis, maîtrisée par des exigences de coteries et de partis, non moins absolus dans leurs admirations que dans leurs réprobations ; rarement elle s'occupe du soin de rechercher la vérité, rarement elle songe à éclairer l'artiste, à l'aider surtout et à l'encourager dans les difficiles sentiers de sa noble carrière, à lui frayer enfin les voies de la fortune et de la renommée.

La critique d'art dans la plupart de nos feuilles quotidiennes et de nos revues périodiques, est principalement occupée du soin de briller elle-même. Aussi, souvent séduite par le seul éclat des formes, elle étouffe également le germe des talents nouveaux sous le fracas de flatteries qui aveuglent la vanité, ou de sarcasmes qui n'enseignent rien. Bien décidée à ne procéder que par système, et à n'accorder des éloges qu'aux artistes de la secte reconnue, ou dans l'histoire des arts qu'à une seule école.

Lorsque le Salon, chaque année, se ferme à la curiosité publique, que reste-t-il de tout le bruit que la critique a fait autour des œuvres qu'il renferme ? rien. Pas un conseil pour ceux qui se sont égarés, pas un encouragement pour ceux qui laissent espérer de leurs essais un avenir brillant, si le talent, quoique jeune et inexpérimenté, était fécondé par d'utiles remontrances. L'art n'y a rien gagné, et le public n'a pas été mieux instruit que les artistes de la valeur réelle des œuvres qu'il a vues.

Ce n'est point ainsi que nous concevons la mission si haute et si digne de la critique ; ce n'est point ainsi que nous comprenons le culte des beaux-arts ; ce n'est point ainsi surtout que nous entendons l'intérêt des artistes. Éclairer les uns de ses conseils, exciter les autres par une approbation juste et méritée, tendre la main à tous comme à des frères, telle nous semble être la mission auguste de la critique.

Alors seulement elle consacrera le principe fécond de la liberté de l'intelligence. En réclamant pour tous la publicité et l'examen, en voulant de l'air, du soleil et de l'espace pour tout le monde, elle agira divinement comme la nature, qui donne à toute plante le droit de croître et de s'élever. Il n'y aura plus d'artistes, ni d'écoles en dehors de cette magnifique cité de l'art, où tous les talents ont droit de bourgeoisie ; il n'y aura plus de parias, assis tristement devant les portes de la publicité fermées pour eux. La critique, comme nous l'entendons, ne serait ni blessante ni offensive ; mais elle irait comme une sœur de charité, ange de secours, trouver les jeunes artistes militants pour les soutenir, par des paroles amicales et bienveillantes, dans leur mélancolie, trop souvent dans leur juste désespoir.

Au lieu de proscrire et d'exclure, au lieu d'étouffer certaines tendances pour en favoriser d'autres, au lieu d'ébrancher certains talents qui promettent cependant des fruits, la critique, comme nous la voulons, dirait au contraire à toutes les natures artistes : Produisez et multipliez ! C'est en effet dans le libre développement de toutes les écoles et de toutes les idées dans les beaux-arts, que réside, comme dans la création, le principe de la durée et de la vie. Le génie de la critique doit seconder la Providence dans ses vues de fécondité pour l'avenir. Que savez-vous si le germe de talent que vous écrasez aujourd'hui ne contenait pas, pour demain, un autre Michel-Ange ? Ne repoussons ni les débuts timides, ni les tentatives hardies. Souvenons-nous des premiers essais de Raphaël et de Rubens ; souvenons-nous que la première fois que Ingres signa son nom au bas d'un tableau, il n'annonçait pas le peintre de l'apothéose d'Homère.

La tolérance est surtout nécessaire à notre temps. De toutes parts l'esprit humain cherche, explore, tente ; il voudrait s'ouvrir en tous sens

des voies nouvelles; notre siècle est plein de Christophe Colombs qui
s'en vont à la découverte d'un nouveau monde. Quelques-uns, sans
doute, s'égarent; mais, n'y en eût-il qu'un seul qui trouvât, sur mille
qui cherchent, nous devrions encore à tous une protection et un regard
bienveillant; car nous ne savons pas d'avance quel sera celui qui tou-
chera le port. Laissons donc les esprits aventureux de notre siècle se
risquer, selon leur vocation, dans toutes les directions de l'art, cet
océan sans bornes. Au lieu de les dégoûter par notre froideur et notre
ironie, suivons, au contraire, d'un geste amical et d'un sourire encou-
rageant leur voile déployée. Beaucoup de réputations que nous acceptons aujourd'hui comme des faits accomplis, ont eu à souffrir de nos
doutes et de nos dédains pendant qu'elles s'accomplissaient. Ne pou-
vait-on leur adoucir, par des paroles fraternelles, les épreuves toujours
si pénibles et si amères des premiers essais?

Jusqu'ici la critique, au lieu d'être une pente douce et facile qui
porte les jeunes talents à la renommée, a été, au contraire, pour les
artistes, un courant rapide et entraînant qu'il a fallu remonter. Que de
découragements, que d'efforts, que de pleurs amers elle a fait répan-
dre! Mais le moment est venu pour elle de se montrer libérale et désin-
téressée dans ses jugements, universelle dans ses vues, impartiale dans
ses affections : la critique que nous appelons de tous nos vœux, fera
lever, comme Dieu, le soleil de la publicité sur tous les talents, sans
exception d'écoles ni de personnes; elle n'aura qu'une loi, la liberté ;
qu'un but, la gloire du pays.

Laissons à l'avenir le soin de classer la valeur de nos artistes; plus à
distance que nous de leurs œuvres, il sera plus à portée de les juger.
Pour le présent, acceptons tout ce qui donne des signes irrécusables
de puissance et de génie. Aidons de toutes nos forces au libre développement de toutes les organisations qui cultivent les beaux-arts, faisons
descendre sur tous, comme une douce rosée, les faveurs du public.
Plus tard, quand la moisson sera faite, nos fils sépareront l'ivraie d'avec
le grain, le bien d'avec le mal. Mais, pour le moment, nous courons
risque d'arracher l'épi en voulant extirper la mauvaise herbe. Mieux

vaut encore cultiver un talent infertile que d'anéantir un talent fécond. Nous n'entendons pas dire pour cela que la critique doive se départir du droit qu'elle a de juger dès à présent les artistes et leurs œuvres, nous ne voulons pas lui arracher des mains sa sentence ; mais nous voudrions qu'elle adoucît son jugement, qui alors deviendrait un conseil et ne flétrirait jamais. La critique qui se sert d'un fouet irrite le patient sans le convaincre, elle le refoule en son orgueil.

La liberté, dans les beaux-arts, a son contre-poids dans le sentiment éternel du beau que l'humanité porte avec elle, dans les grands exemples que le Vatican, que Florence, que le Louvre étalent à nos études, dans le temps qui ne permet pas aux fausses théories, aux talents dangereux de gouverner éternellement le monde. Laissez tomber vos encouragements sur cette foule qui s'agite autour de vous, et soyez certains qu'il en sortira de nobles tentatives et de grandes œuvres. Que la critique se fasse généreuse et expansive, qu'elle accepte tous les développements, toutes les formes, toutes les écoles, tous les événements imprévus qui changent d'âge en âge la surface de l'art ; qu'elle tende ses bras à tous les talents engagés dans la lutte, qu'elle montre à tous les yeux la gloire comme un but, l'avenir comme une immortalité !

Alors se réalisera cette grande cité que nous rêvons ; ville universelle et libérale, où tous les talents auront leur couronne.

Notre premier but, en créant cette publication temporaire, a été d'encourager les artistes par la publicité que nous offrons à leurs œuvres. Nous ne renonçons point, ni au désir, ni au droit de les éclairer de nos conseils ; mais notre critique, à nous, sera toujours amicale et bienveillante, et elle s'efforcera surtout d'être utile par des enseignements non moins réfléchis que désintéressés.

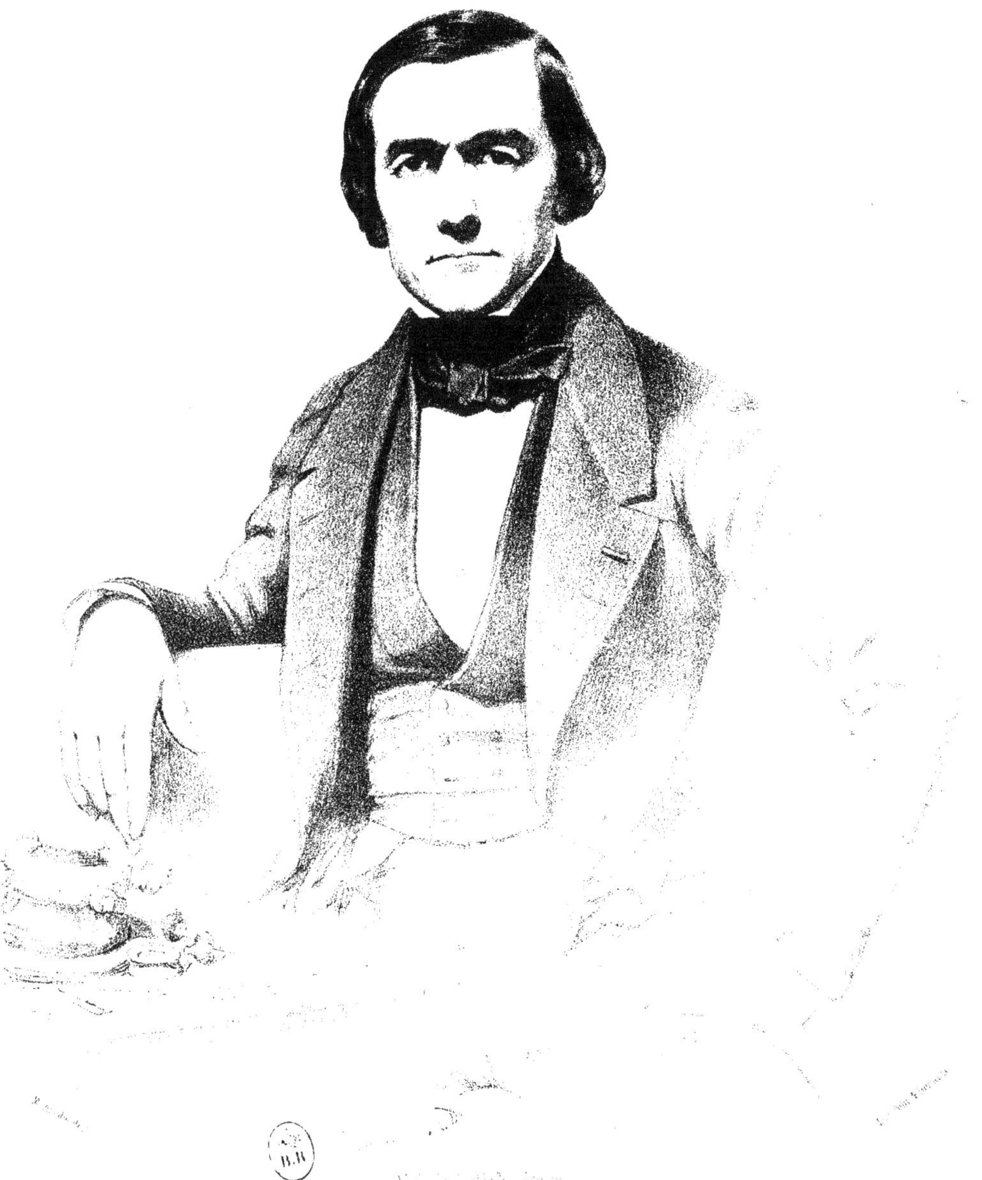

SALON DE 1840.
Par Amaury-Duval

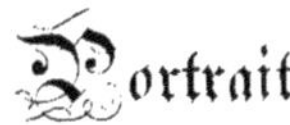

Portrait

DE M. BARRE PÈRE

GRAVEUR DE MÉDAILLES.

PAR M. AMAURY-DUVAL

Lithographié par M. Alophe-M.

Un beau portrait est bien difficile à faire, et vraiment il faut être un grand peintre, un parfait observateur, un homme bien intelligent, pour réussir dans ce genre de peinture. Aujourd'hui surtout que toute supériorité de talent ou de finances est coudoyée dans la foule, que toute distinction de rangs est cachée sous la coupe uniforme de l'habit de drap noir, véritable niveleur, combien faut-il de hardiesse, on peut le dire, pour aborder le portrait! combien faut-il de talent pour y exceller! Où sont maintenant ces merveilleuses pompes de costumes, ces éclatantes armures, ces riches blasons, ces brillantes couleurs des belles soies de Gênes et des velours du Levant? Les longues et chatoyantes écharpes, les superbes colliers que les vieux peintres se complaisaient tant à reproduire, ne sont plus. Certes, si dans cette magnifique galerie du Louvre où nous piétinons à l'heure qu'il est, nous voulons, pour un moment, reporter nos souvenirs vers les beaux portraits des Titien, des Tintoret, des Rubens, et des Van-Dick, nous regretterons l'époque à laquelle ces grands artistes ont donné tant d'éclat. Nous avons donc à craindre aujourd'hui la monotonie et la froideur.

Cependant, pour les hommes de volonté et de conscience, point de difficultés insurmontables. Il est des peintres qui, chacun dans leur voie de progrès, et à quelque école qu'ils appartiennent, recherchent d'autres qualités que celle de rendre avec perfection une robe de velours ou de satin; qui, sous ce voile de blonde gracieusement attaché, veulent voir palpiter les chairs, et qui envisagent avec amour, et sous le rapport de l'art, le genre portrait.

Parmi ceux-là, se place en première ligne M. Amaury-Duval, l'excellent élève du peintre d'*Homère* et de *l'Odalisque*, de M. Ingres qui fit, pour sa gloire et pour notre admiration, les portraits de M. Bertin l'aîné et de M. le comte Molé, le ci-devant ministre, l'homme du monde, l'académicien. M. Amaury-Duval a pleinement réussi, parce que, comme son maître, il professe, avant tout, le culte du dessin pur et correct, cette première qualité du portraitiste, préférable à celle qu'ambitionne la galanterie des peintres routiniers et sans originalité.

Le portrait que nous donnons de M. Barre père, l'habile graveur en médailles, peint par M. Amaury-Duval, et reproduit avec tant de talent par M. Alophe, outre l'exactitude de la ressemblance, réunit des qualités du premier ordre. Point d'affectation ni de roideur dans l'ensemble; point d'efforts pour séduire. Comme la nature est bien traduite! comme cette figure est modelée, habilement peinte! comme elle est expressive! Chaque détail peut soutenir l'épreuve de l'analyse la plus scrupuleuse.

M. Amaury-Duval a augmenté encore sa réputation de peintre *de vérité* dans ce portrait, comme dans celui de madame Mennessier-Nodier. Il est né à Paris, en 1808, et a fait un séjour de deux ans en Italie, où il s'est livré à de sérieuses études.

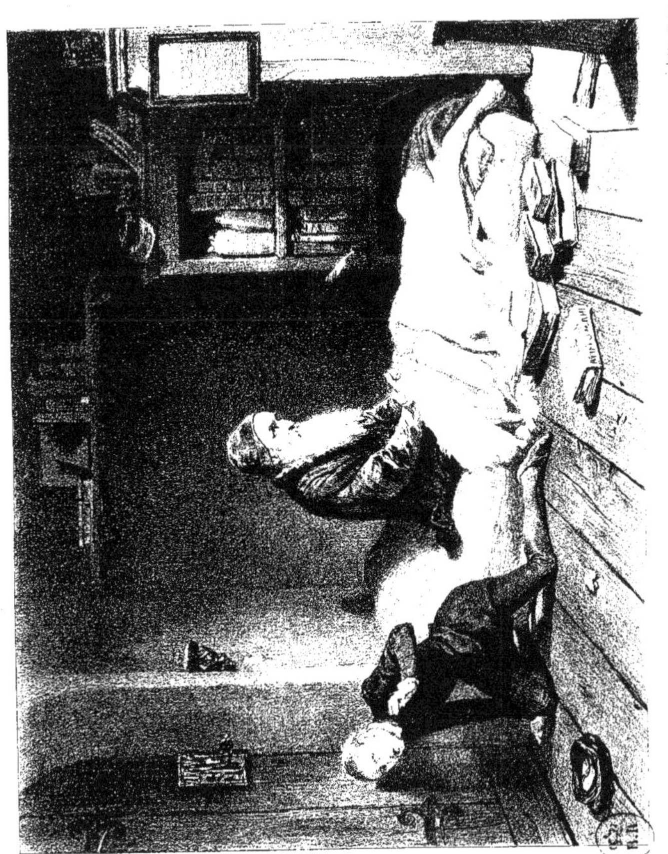

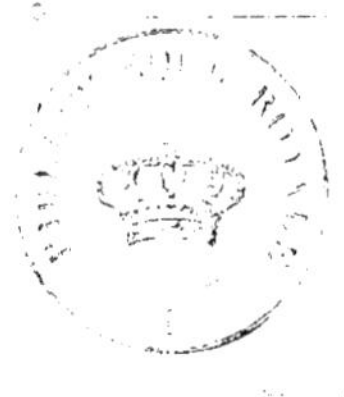

P. Ramus

Lithographié par M. Mouilleron.

Au coin de la petite rue des Carmes. près de la place Maubert et du collège de Presle. habitait Ramus. fameux polygraphe français. Le premier il osa douter de l'infaillibilité d'Aristote. et couchait. par voie de conséquence. et grâce aux persécutions de ses nombreux ennemis. dans une petite chambre au cinquième étage. Un dur matelas étendu par terre. un escabeau de bois peint. une coupe de faïence. quelques livres usés et poudreux. formaient tout l'ameublement.

Le 24 août 1572. jour de la Saint-Barthélemi. Ramus était en méditation dans la cour du collège où il enseignait. lorsqu'un de ses élèves accourut vers lui. l'œil hagard. les vêtements en désordre.

Le philosophe ne vit et n'entendit rien : il était absorbé par ses rêveries.

— Les voilà! s'écria l'élève. en indiquant la place Maubert.... Et il entraîna Ramus dans sa chambre. Le philosophe se coucha pour donner sa leçon. selon son habitude.

Peu de temps après parut Charpentier, le soutien des vieilles idées. l'ennemi de Ramus. qui, peu d'années auparavant. l'avait convaincu d'ignorance. Il pénétra dans la retraite de son rival. Les deux philosophes se mesurèrent longtemps du regard; puis ce colloque rapide s'établit en latin. Nous le traduisons : « Salut! — Salut. — L'heure de la mort est venue. — La vie! — Je te la vends. — Combien? — Tout ce que tu possèdes. — Qu'il soit dit.

Ramus chercha sa bourse dans son lit, et la donna à Charpentier, qui s'enfuit en montrant au peuple la retraite du novateur. Alors la foule poussa ces cris : « *Aristote ! Huguenot !* » Des écoliers lancèrent des pierres jusqu'au toit ; d'autres montèrent l'escalier.

Le peintre a choisi le moment d'attente et d'angoisse. Des pas et des voix se font entendre. L'élève, effrayé, jette ses livres, se traîne jusqu'à la porte, et prête l'oreille. Quant au maître, il se rappelle que la résignation est le courage du philosophe ; il reste sur son séant et joint les mains. C'est la situation la plus dramatique de tout l'épisode. La figure du vieillard est noble et calme comme son âme.

Cependant Ramus est frappé par la main d'un de ses élèves. Aussi relève-t-il sa longue barbe blanche, et se cache le visage pour ne pas voir. Un seul coup suffit pour le tuer. Les meurtriers ouvrent la fenêtre, et jettent le cadavre dans la cour. Et là, devant les lambeaux de ce corps vénérable, de cette belle figure que le Primatice avait prise pour modèle, la populace pousse des cris de joie et de triomphe, et traîne le corps jusqu'aux bords de la Seine, qui devient son tombeau.

Tel fut le héros du tableau de M. Robert Fleury. C'est une page d'histoire nationale pleine d'intérêt ; et nous aimons à voir reproduire par le pinceau toutes ces scènes qui nous préoccupent encore après plusieurs siècles. Dans cette composition, les poses sont naturelles, les physionomies expressives, l'ensemble complet, les détails étudiés avec soin.

M. Robert Fleury a exposé plusieurs autres tableaux qui accusent tous de notables progrès dans son talent déjà si haut placé, et qui sont d'une perfection de couleur que jusqu'alors il n'avait pas atteinte. Nous citerons le *Colloque de Poissy*, composition animée et importante, et l'*Avare pesant des pièces d'or*, création nouvelle sous le rapport de la manière dont le peintre a compris le personnage.

M. Robert Fleury est né à Cologne en 1797. Il a étudié chez Horace Vernet, Girodet et Gros. Il est resté cinq années en Italie, et exposa pour la première fois en 1824, à son retour en France. Il a été nommé chevalier de la Légion d'honneur en 1836.

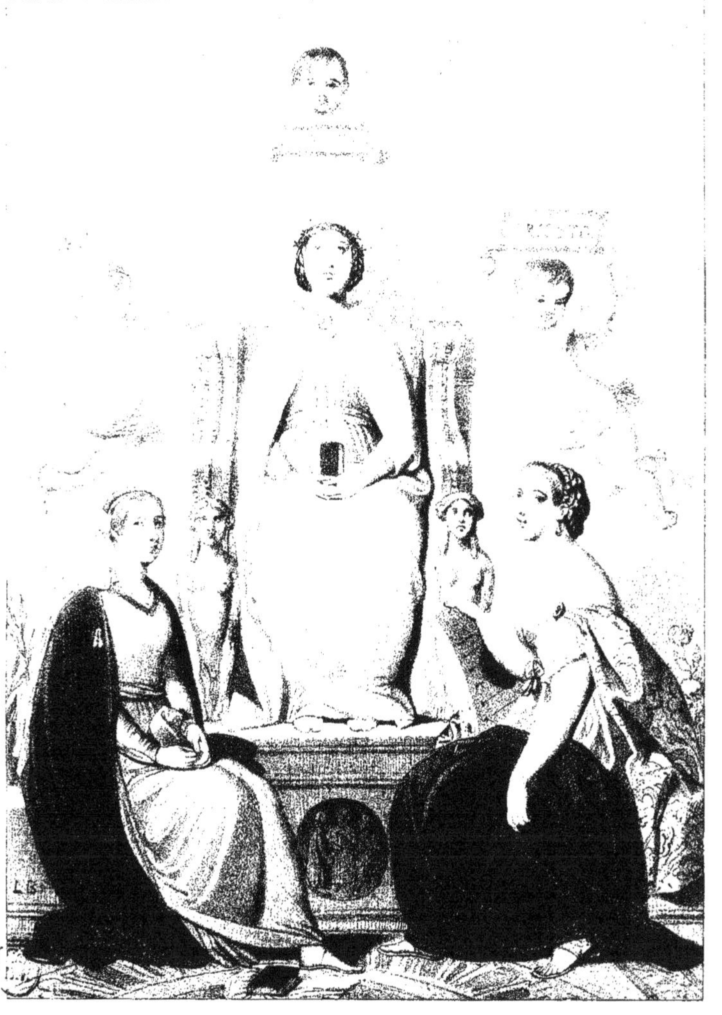

Trois Amours Poétiques

DESSINÉ PAR LOUIS BOULANGER,

Lithographié par lui-même.

— ⚜ —

Vous êtes le foyer qui réchauffe les âmes.
Anime les pinceaux, sollicite les chants;
C'est selon vos regards ou vos dédains, ô femmes!
    Que nous sommes bons ou méchants.

    L'homme—l'artiste, le poëte—
    Cherche son âme dans l'amour,
    Semblable à l'onde qui reflète
    Les rayons éclatants du jour.

Dante! qui t'inspira ton sublime épisode?
Souvent il m'a semblé te voir dans Francesco.
Ton cœur donna l'idée, et ton esprit le mode :
    Ta lyre fut un double écho.

    Oh! Béatrix était si belle,
    Qu'elle éveillait d'un seul regard,
    Ton inspiration rebelle,
    En t'apprenant l'amour et l'art.

Orsolina, soutiens l'ardeur de ton poëte!
Arioste te doit le charme de ses vers;
Dans Roland, joie ou pleurs, toujours il interprète
    Ta pensée à tout l'univers.

Quand le chagrin attaque une âme,
Le malheur qui va la briser
Se calme devant une femme,
Et disparaît sous son baiser.

Beau Pétrarque, tu cours au ruisseau de Vaucluse
Rêver, prier, aimer, — être poëte enfin !
Et Laure est à la fois ton idole et ta muse,
Comme ton principe et ta fin.

Là, c'est une fièvre, un délire,
Qui s'emparent de ton esprit :
Avec amour Laure sait lire,
Avec amour Pétrarque écrit.

Vous êtes le foyer qui réchauffe les âmes,
Anime les pinceaux, sollicite les chants;
C'est selon vos regards ou vos dédains, ô femmes !
Que nous sommes bons ou méchants.

Parmi vous l'une est gaie, et l'autre est éplorée :
Voilà pourquoi chaque œuvre a sa diversité.
Mais cet esprit si fier qui porte ta livrée,
Pour prix de ton amour, ô maîtresse adorée !
Te donne l'immortalité.

M. Louis Boulanger est né en 1806 à Verceil (Piémont). Il est élève de MM. Achille Devéria et Lethière. On connaît l'amitié fraternelle qui rattache le peintre à M. Victor Hugo et à tous les autres littérateurs éminents de notre époque. M. Louis Boulanger est en effet lui-même un grand poëte en peinture, qui met la tête d'un littérateur à concevoir ses compositions et la main d'un artiste à les exécuter. Ce qui distingue encore à nos yeux M. Louis Boulanger, c'est cette flexibilité de talent qui tantôt le transporte en Flandre, tantôt en Italie, pour s'empreindre de la manière des maîtres les plus différents, avec un bonheur toujours égal.

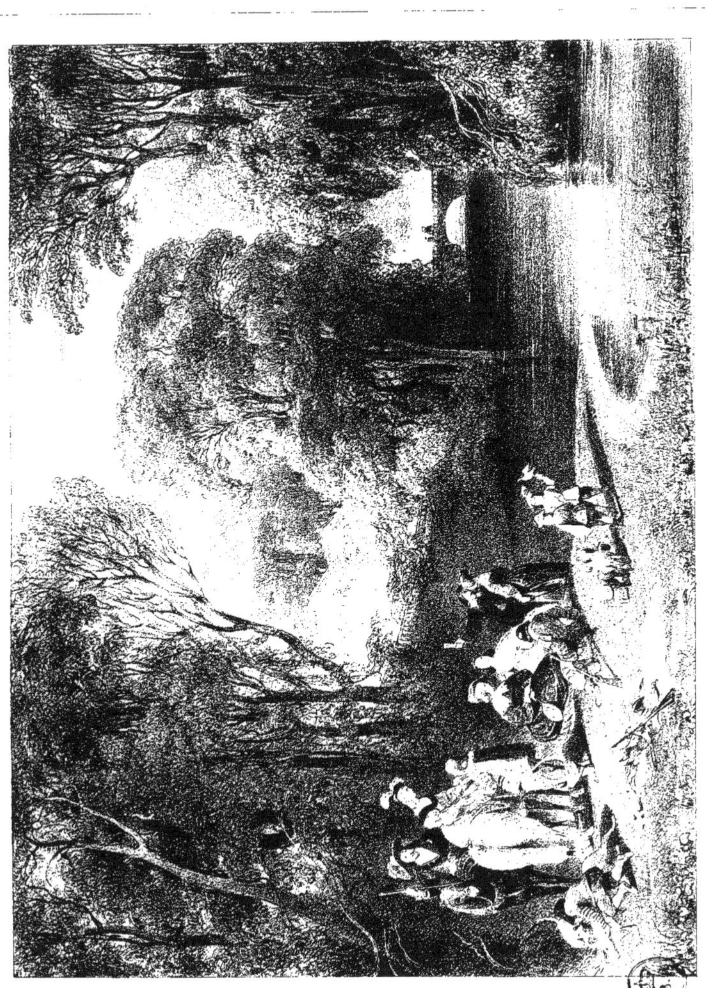

BIBLIOTHÈQUE ROYALE

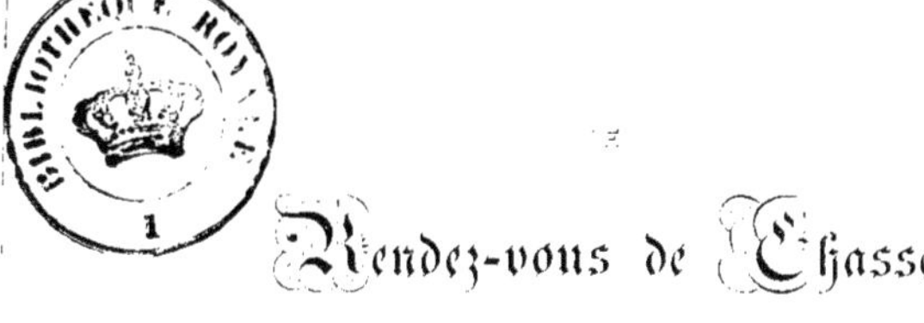

Rendez-vous de Chasse

AQUARELLE PAR H. H. CARGUET.

Lithographiée par M Sorrieu.

L'heure du rendez-vous est arrivée. Accourez, belles dames et joyeux chasseurs. Il faut vous réunir, et prendre du repos tous ensemble. Que nos piqueurs aient soin de la venaison; que nos chiens s'endorment: ils ont les pattes ensanglantées, les yeux et les oreilles rouges de l'ardeur qu'ils ont déployée à poursuivre le gibier. Mais quoi! vous avez tardé, gentille damoiselle; descendez bien vite de votre haquenée, confiez votre main au jeune comte, et venez prendre votre part de la collation. Nous vous tiendrons quelques gais propos d'amour, nous déposerons à vos pieds les produits de notre chasse, et nous viderons en votre honneur quelques flacons de vins fins. Ne craignez l'impétuosité de nos chiens: un petit page les tient en laisse; un autre a le faucon au poing.

Et puis, quelle douce fraîcheur dans l'air! La rivière limpide qui coule à vos pieds ressemble au miroir le mieux poli. A peine si les rayons du soleil traversent ces masses d'arbres qui vous prêtent une ombre protectrice. Les fleurs du parc voisin répandent sur nous leurs parfums délicieux. Le gazon a été tiédi par la chaleur du jour; asseyez-vous. Le château est tout près de notre halte; on l'aperçoit là-bas; il nous sera facile de le regagner. Quel beau fuyant sur la rivière! Depuis le pont jusqu'à nous, le regard contemple des touffes vertes qui se balancent et se baignent dans l'eau, des grottes naturelles de feuillages, et des milliers d'étincelles formées par les rares échappées du soleil. Voyez comme le lieu est bien choisi.

Depuis quelques années, M. Garnerey s'est adonné au genre historique, en vérité ! Tous les parcs du dix-huitième siècle ont passé sous
nos yeux ; nous connaissons la cour de Louis XIV et celle de Louis XV ;
les belles dames en paniers, les charmants marquis poudrés ; les châ-
teaux à perron, les arches de verdure, enfin tout le *fashionable* de
l'époque. M. Garnerey aime de passion cette nature coquette, tailladée,
nivelée, *embellie* par la main des hommes. Il préfère les lacs aux torrents, les jets d'eau aux cascades, les parterres aux prairies. Il nous
faut convenir avec lui que cette nature de convention ne sied pas mal
à l'aquarelle, surtout lorsqu'elle est traduite par un pinceau délicat et
gracieux, mais il nous accordera qu'elle n'est pas susceptible des effets
que produit l'autre nature, plus accidentée, plus rude, plus diverse.

Dans l'aquarelle que nous reproduisons ici, on retrouve toutes les
qualités du talent de M. Garnerey. C'est toujours ce tact exquis pour
alterner l'ombre et le soleil, pour donner à la composition un aspect
qui charme et séduit tout d'abord. A l'ombre, on sent bien la fraîcheur ;
cette eau coule à merveille, cette perspective est fort exacte ; mais si
nous voulons approfondir (soit dit ici pour les légères compositions et
pour les tableaux plus importants dans ce genre de peinture), nous
trouvons que tout cela manque généralement d'étude, et que le
peintre abuse parfois de sa facilité.

M. Hipp. Garnerey a exposé de belles marines, et de nombreuses
et charmantes vues de Normandie, habilement exécutées.

M. Hippolyte Garnerey est né à Paris en 1787. Il est élève de son père. Après avoir
parcouru toutes les Antilles et les deux Amériques, il est revenu en France, et a exposé
pour la première fois en 1827.

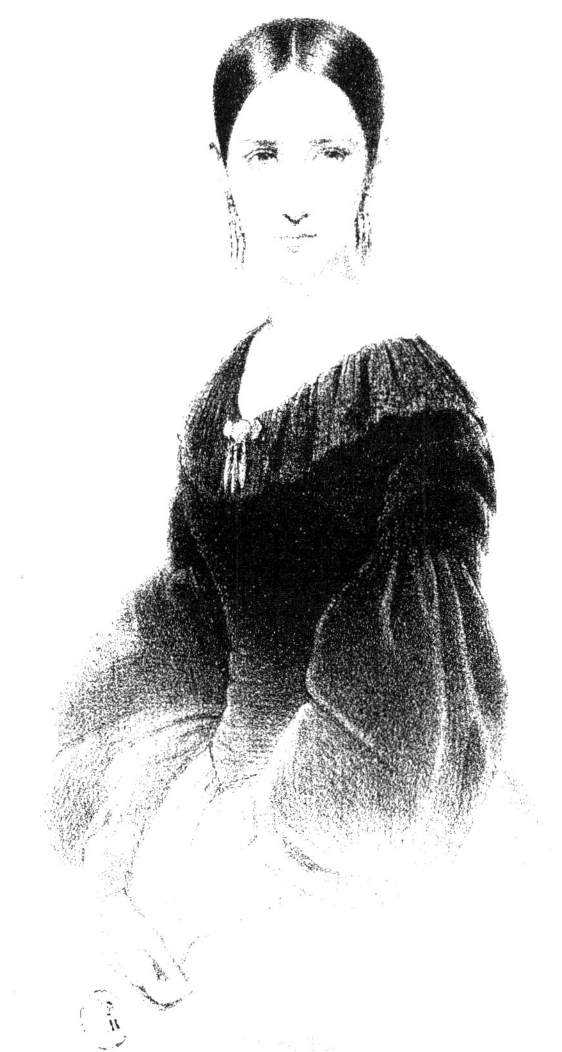

Par Auguste Charpentier

Portrait

DE Mlle RACHEL

Lithographié par M. Alophe-M.

Au moment où la tragédie agonisait sur le théâtre, où les noms des chefs-d'œuvre de Corneille, Racine et Voltaire, imprimés sur l'affiche, faisaient presque fuir les passants, parut Mlle Rachel. Avant elle, un parterre du Théâtre-Français se composait de cent fidèles *quand même* au culte de Melpomène, d'une soixantaine d'étrangers qui venaient là pour connaître l'effet que produirait sur eux le chef-d'œuvre, et d'un bon nombre de collégiens auxquels le professeur avait conseillé ce genre de récréation. Et puis, on y était si fort à son aise! adossé, bien chauffé en hiver, les coudées franches en été! c'était un *far niente* séducteur. Cette pauvre vieille tragédie vivait, au théâtre, de son passé seulement, sur les souvenirs de Talma et de Mlle Duchesnois.

Mais Rachel parut, vous dis je; et, tout aussitôt, voici la tragédie qui se réveille et rajeunit. La presse crie au prodige, la foule se laisse conduire par la presse; puis, la foule par la foule. Le Théâtre-Français écrit en gros caractères sur son affiche, tout à l'heure si peu consultée, les noms de la tragédienne et de la tragédie. On fait trois heures de queue à la porte; la salle est toujours louée d'avance, et à bon prix; trois fois par semaine il y a recette forcée.

A peine une année de succès s'est-elle écoulée, que la célèbre actrice, forcée pour quelque temps de quitter la scène, se voit, à sa rentrée, en butte à mille attaques plus ou moins fondées. La presse, naguère si enthousiaste, casse pour ainsi dire ses premiers jugements, renvoie Hermione à l'école, comme si elle voulait briser brutalement cette idole qu'elle-même a divinisée. Seul le vrai public, celui qui ne prodigue ni les couronnes, ni les critiques acerbes, reste sincère, impartial, et estime toujours ce beau talent à sa juste valeur, sans engoûment, sans amertume.

Voilà, sous le rapport de l'art, l'histoire de Mlle Rachel. Nous voulions la tracer succinctement, pour l'acquit de notre conscience, nous qui n'avons pas été enthousiaste, nous qui ne voulons pas être ingrat, nous qui, à notre honte, ne croyons pas à l'avenir de la tragédie. Quoi qu'il en soit au reste de toutes ces discussions, toujours est-il que Mlle Rachel a acquis une très-grande célébrité, et que chaque jour, au Salon, la foule s'arrête devant le portrait de celle qu'elle applaudit le soir au théâtre.

La peinture, la sculpture, la gravure, la lithographie, nous ont déjà bien souvent offert le portrait de Mlle Rachel, mais en s'attachant seulement à la ressemblance vulgaire. Celui que M. Charpentier expose cette année est remarquable par l'expression poétique et vraie, et par une exécution supérieure. C'est bien là cette figure jeune et intelligente à la fois, c'est bien là ce front plein de pensées. Sous un costume simple, mais sévère, il est plus facile de saisir le caractère de la physionomie de la tragédienne. Dans cet excellent portrait se trouvent réunis et le dessin et la couleur. L'année dernière, M. Charpentier a obtenu un beau succès dans les portraits de G. Sand et du jeune Maurice. Son talent a grandi, et le portrait de Guyon, exposé aussi cette année, est d'une énergique expression, d'un riche coloris et d'un puissant effet.

M. Auguste Charpentier est né en 1814, il est élève de M. Ingres.

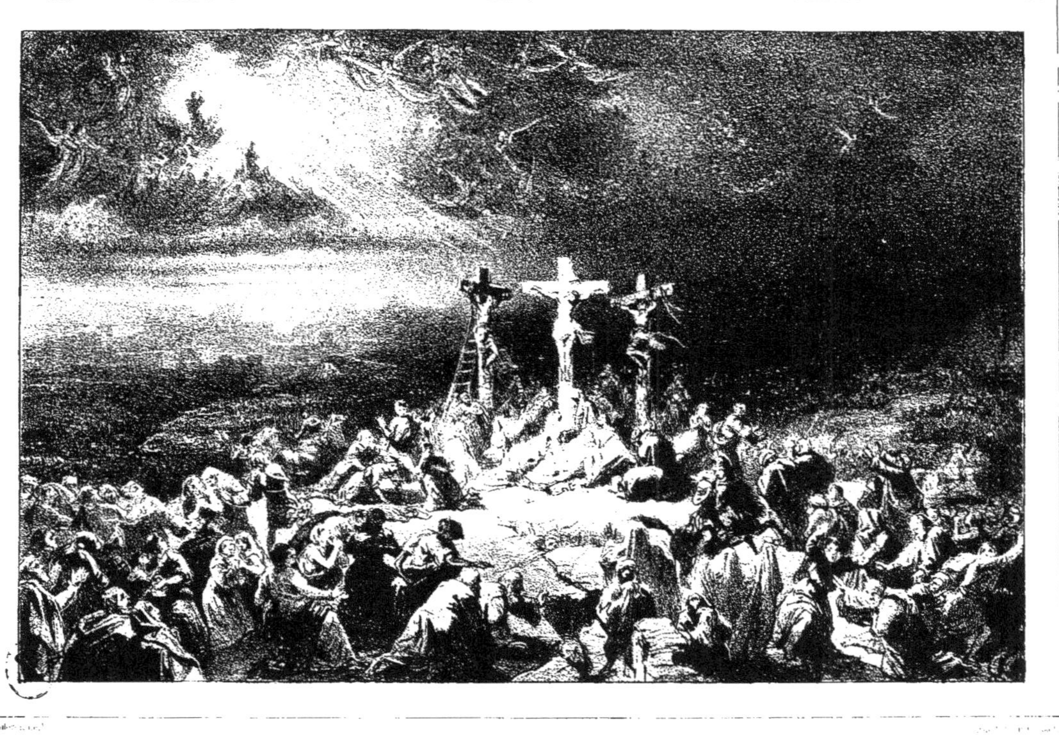

Dernier Soupir du Christ.

Mais Jésus jetant un grand cri rendit l'esprit

Evangile selon St Matthieu chap. 2

Dernier Soupir du Christ

TABLEAU PAR M. GUÉ,

Lithographié par M. Mouilleron.

—⟶⟶⟶) (⟵⟵⟵—

« Or, depuis la sixième heure du jour jusqu'à la neuvième, toute la terre fut couverte de ténèbres... mais Jésus jetant un grand cri, rendit l'esprit. En même temps le voile du temple se déchira depuis le haut jusqu'en bas : la terre trembla; les pierres se fendirent; les sépulcres s'ouvrirent, et plusieurs corps des saints qui étaient dans le sommeil de la mort, ressuscitèrent... »

(ÉVANG. selon saint Matthieu, chap. 27

Cette grande scène de désolation, prélude effrayant de la rédemption humaine, semble ne pouvoir être retracée par le pinceau. Il y a là quelque merveilleux effet qui échappe à la puissance de la peinture, et qui fait appel à la poésie. Nous ne voulons pas seulement de la forme, mais encore de la pensée. Il ne faut pas que nous soyons tentés d'analyser, mais saisis malgré nous par de profondes impressions. Chaque groupe de ce drame doit avoir, pour ainsi dire, son allégorie. Larmes, sourires, terreur, espoir, que tout se manifeste et parle à la fois, et pourtant avec ensemble, comme les voix de la Symphonie! que la palette se transforme en harpe! que le peintre devienne poëte!

M. Gué a compris l'exigence de son sujet absorbant; et sans nul doute il a travaillé sous l'influence de cette idée. Déjà son tableau de l'année dernière, *les Murmurateurs engloutis*, sorte d'essai du genre adopté par lui, faisait espérer *le Dernier soupir du Christ*. Mais quels remarquables progrès! quel effet! quel poétique mouvement! — Le Christ a rendu l'esprit, a dit l'évangéliste dans son admirable simplicité. Marie, Madeleine et les Apôtres pleurent au pied de la croix. Les cieux se sont entr'ouverts; les anges, les élus ont commencé leurs divins concerts. L'âme du Fils s'est envolée vers le Père, parmi les rayons d'un nuage lumineux. Les satellites d'Hérode sont frappés de stupeur à la vue des morts qui ressuscitent. Un groupe de fidèles disciples se met en prières. L'innombrable multitude des assistants, — femmes, enfants, vieillards, ceux qui sortent du berceau, ceux qui penchent vers la tombe. — admirent ou redoutent ce sublime spectacle.

Dans ce tableau, l'effet général est bien rendu. Il s'y trouve d'ingénieux contrastes. Un torrent de lumière traverse un ciel des plus obscurs; le soleil couchant disparaît derrière de grosses nuées qui l'enveloppent de leurs ombres. A droite, à l'horizon, on croit voir s'élever les vapeurs de l'orage; on croit entendre les roulements d'un tonnerre lointain.

Nous avons dit que M. Gué avait compris son sujet, et qu'il avait cherché à être poëte. Mais ajoutons que l'auteur du *Dernier soupir du Christ* n'a pas tout à fait atteint son but. Il importait de réunir, dans cette composition, la poésie des détails à l'harmonie de l'ensemble, de manière à ce que l'une ne pût contrarier l'autre : c'était là un écueil immense derrière lequel apparaissait la perfection; M. Gué ne l'a pas complétement évité.

M. Gué est né à Saint-Domingue en 1789 ; il a été élève de Lacour père, de Bordeaux, et de David. Il a acquis une réputation méritée comme décorateur, notamment à l'Odéon et à l'Opéra-Comique, et s'est placé en outre au rang des plus remarquables peintres de genre et de paysage. L'Auvergne et le Tyrol, qu'il a longtemps visités, l'ont eu pour fidèle interprète; et nous nous sommes souvent promenés, grâce à lui, dans ces belles vallées alpestres dont le spectacle est si ravissant; nous avons souvent gravi les montagnes d'Auvergne, couronnées de châtaigniers, les sites les plus pittoresques que l'on admire en France.

M. Gué a été nommé chevalier de la Légion d'honneur en 1833.

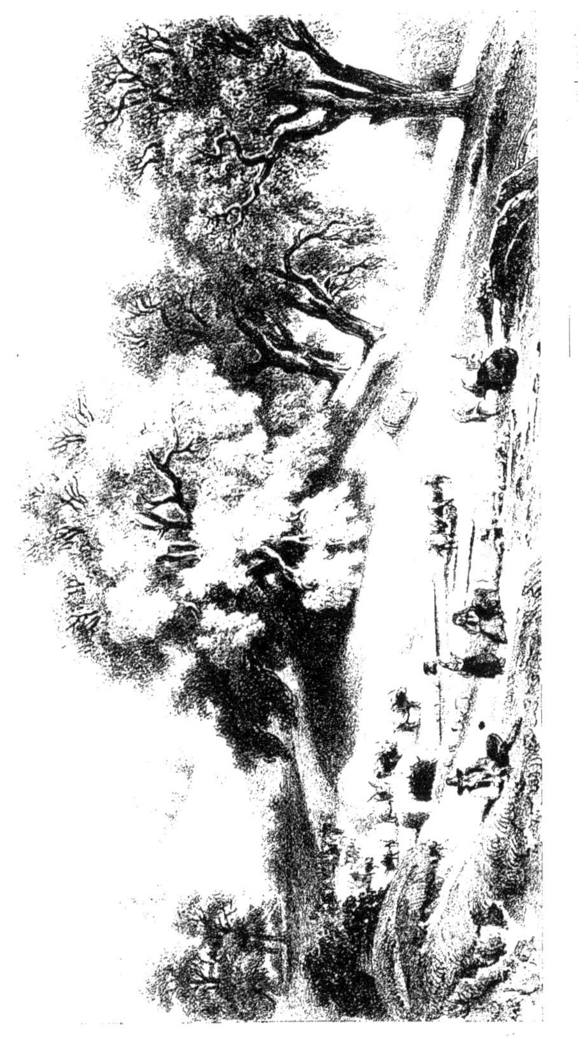

Abreuvoir d'Animaux

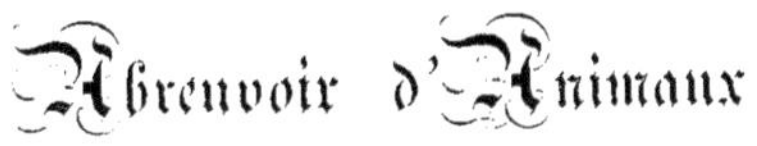

Lithographié par lui-même.

N'est-ce pas que l'Italie a un beau privilége? Elle inspire le peintre et le poëte, voire même le musicien, quand il est couronné par l'Institut. Mais soyons sobre, et ne parlons que des inspirations du peintre. Cette riche nature, qui se développe entre l'Adriatique et la Méditerranée, est chaude et vivace à la fois: là, l'herbe croît verte sous un soleil de feu, et les collines paraissent avoir toutes, quoique semblables, un aspect différent. Pour l'historien, sans doute l'Italie n'est que la terre du passé et des souvenirs: elle est toujours la même pour l'artiste. Il aime ces ruines, ces colonnes brisées, ces lacs comblés, ces voies interceptées. Lorsqu'il foule ton admirable sol, ô Italie! il ne se demande pas où est Auguste, où est Julien, où est Léon X. Il regarde, et cela lui suffit. Aussi chacun te prend pour modèle: chacun veut retremper, compléter son talent par l'étude de tes merveilles. Te parcourir, c'est le vœu, le besoin, le devoir de l'artiste.

Le paysagiste surtout se dirige donc par delà les Alpes : il *compose* sa bourse, endosse le sac, prend sa canne noueuse et son énorme parapluie vert, rien que cela, par crainte des pillards calabrais. Notre pèlerin va, lui aussi, faire sa conquête d'Italie. Dès son arrivée, il se monte la tête, saisit ses pinceaux, travaille avec conscience, tantôt perché comme l'aigle au plus haut d'une montagne, tantôt buvant, comme le chamois, l'eau des torrents. Puis il revient en France, rapportant une véritable richesse, toute l'Italie prisonnière en quelques centaines de toiles. Rien ne lui manque plus, ni pensées, ni études, ni souvenirs.

Ce court préambule nous ramène vers M. Hostein, un de ces artistes laborieux et pleins de volonté, qui aiment l'art pour lui-même, et par-dessus toutes choses. Il cherche à prendre la nature sur le fait, et la reproduit avec intelligence. M. Hostein s'en était d'abord modestement tenu à la lithographie, où il réussit: voulant peindre, il réussit encore; c'est affaire à lui. Déjà, en 1838, nous avions remarqué son *Entrée de la forêt de Saverne*. Depuis, le peintre est en voie de progrès, et nous nous ressentons avantageusement de son voyage en Italie.

Parmi les tableaux qu'il expose au Salon de cette année, on distingue, en premier lieu, *l'Abreuvoir d'animaux près de la Cervara,* dans les États romains. C'est une vue d'après nature, sous tous les rapports. Ce terrain en pente est bien indiqué; le troupeau de bœufs qui descend à l'abreuvoir, marche parfaitement. Le sommet de la route inclinée tourne, et c'est beaucoup. Il y a de l'air et de la chaleur; c'est bien le soleil qui traverse le plan d'arbres du milieu. Le paysage fuit réellement, là-bas où l'on aperçoit cet immense aqueduc si renommé. Tout cela ne manque pas de vérité, de couleur, d'aspect. Toutefois, on s'aperçoit que M. Hostein n'est pas encore familiarisé avec la peinture de style. Ses progrès continuels doivent le disposer beaucoup aux études sérieuses.

M. Édouard Hostein est né à Pléhédel (Côtes-du-Nord) en 1804. Il n'a pas eu de maître, et s'est livré de bonne heure aux études d'après nature. Il a fait beaucoup de voyages, notamment dans les Ardennes et en Italie.

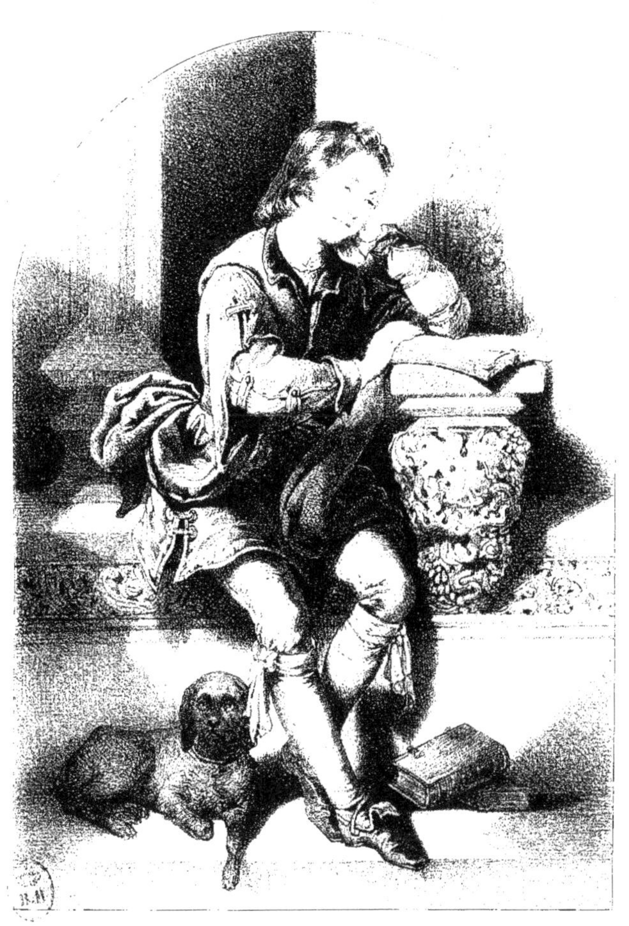

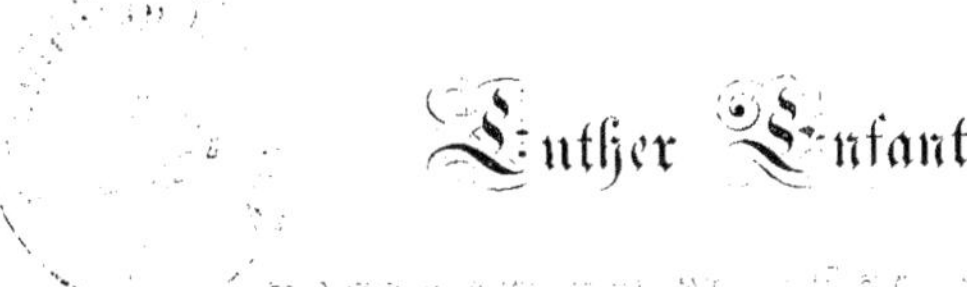Luther Enfant

TABLEAU DE M. LÉCURIEUX

Lithographie par M. Desmaisons.

Martin Luther, le père de la réforme, naquit de parents humbles et pauvres. Pour étudier, il eut à vaincre de grands obstacles, et arriva sans ressources à Isenac, où il mendia sa vie, couchant dans l'écurie ou la grange de quelque hôtellerie, parfois même à la belle étoile. C'est ainsi qu'il fit son apprentissage de grand homme.

Le tableau de Luther enfant a été inspiré à M. Lécurieux par un charmant épisode de la vie de cet illustre personnage, que publia M. Ernest Alby, en 1839. Luther est assis sur les marches d'une église, et étudie, avec grande attention, les dix commandements de Dieu, qui furent plus tard le principal fondement de toute sa doctrine.

Je ne saurais mieux faire, en cette occasion, que de citer une complainte pleine de grâce et de sensibilité, que M. Ernest Alby a composée sur la jeunesse de Luther.

Un soir, le jeune étudiant allait se retirer dans la grange que lui abandonnaient les hôteliers, sans avoir recueilli la plus légère aumône. Triste, les larmes aux yeux, il se mit à chanter devant la maison de Conrad Cotta :

> Près de votre rouet, vous qui filez le lin
> Dont vous comptiez vêtir un fils absent, ma mère :
> Assistez à cette heure un timide orphelin
> Qui chante ; et cependant sa vie est bien amère !
> Et la lampe à la main, dites à l'écolier :
> Le repas est dressé, montez mon escalier.
>
> A cette œuvre d'amour Jésus-Christ vous convie ;
> Fils de Dieu, n'a-t-il pas pour nous donné sa vie ?

Lorsque dans vos banquets, beaux sires, l'échanson
Verse un vin généreux dans vos coupes fameuses ;
Lorsque le ménestrel narre dans sa chanson
Vos aïeux, vos trésors, vos batailles fameuses :
Sires, n'oubliez pas les pauvres écoliers
Que le froid et la faim poussent vers vos celliers.

A cette œuvre d'amour Jésus-Christ vous convie :
Fils de Dieu, n'a-t-il pas pour nous donné sa vie ?

Jeunes filles, déjà sous les riches lambris
La flûte et le hautbois modulent leurs cadences :
Et cette nuit si dure aux pauvres sans abris
Pour vous aura des fleurs, des concerts et des danses,
Mes belles, en partant, jetez aux écoliers
Une perle arrachée à vos nombreux colliers.

A cette œuvre d'amour Jésus-Christ vous convie :
Fils de Dieu, n'a-t-il pas pour nous donné sa vie !

A peine Luther avait achevé la dernière reprise de sa complainte,
que la femme de Conrad, Ursule, le fit entrer dans sa maison, et lui
servit un copieux souper. — Charmés de son esprit, de sa douceur, de
sa piété, Conrad et Ursule le gardèrent près d'eux, et subvinrent à
tous ses besoins, pendant les quelques années que ses études le retin-
rent à Isenac.

Telle avait été la jeunesse de celui qui, plus tard, fut le plus redou-
table adversaire des papes, et qui proféra contre eux ces énergiques paroles : « J'avoue que j'ai souvent été trop violent, mais jamais à l'égard
de la papauté. Il devrait y avoir contre celle-ci une langue à part, dont
tous les mots fussent des coups de foudre. »

M. Jacques-Joseph Lécurieux est né à Dijon en 1801. Il est élève de MM. Devosge
et Lethière.

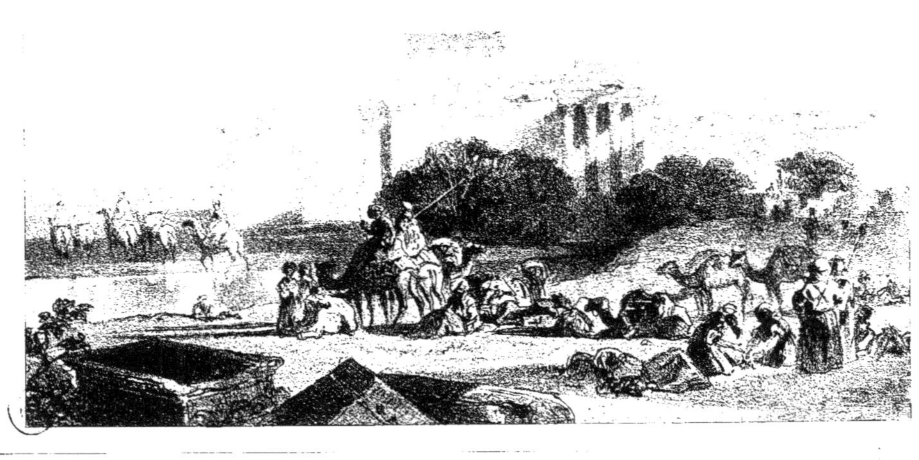

G. Bourillat

(Syrie)

Une Caravane

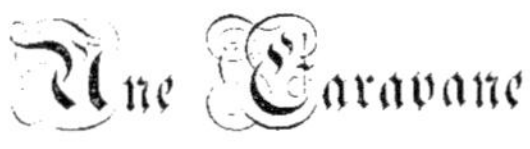

TABLEAU DE M. EUGÈNE MARILHAT.

Lithographié par M. Challamel.

Dans les expositions, les paysages ont presque le même sort que les batailles. En général on n'aime ni l'horizon, ni la fumée, ni les corps d'armée, ni les forêts. On passe, à moins que le peintre qui a abordé un de ces deux genres n'ait un grand nom, ou bien un talent hors ligne, et alors, quoique débutant, il captivera l'attention des visiteurs. « Oh ! se dit-on dans le monde, avec apparence de raison, toutes les batailles se ressemblent, aussi bien que tous les paysages ! » Oui, certes, à la surface : mais examinez un peu, et là, comme ailleurs, vous rencontrerez cette variété qui vous plaît tant. J'ai remarqué que, souvent, ceux qui dédaignent ainsi le paysage, sont surtout les voyageurs ; les anciens soldats, au contraire, aiment les batailles à cause des souvenirs. Cela tient sans doute à ce que ceux-là qui ont contemplé la nature à loisir ne peuvent pas se contenter d'une reproduction resserrée en des bornes étroites. Les autres ont vu de terribles spectacles, et il leur plaît d'assister encore à ces sortes de drames, sans en risquer les dangers.

Or, M. Marilhat possède tout à la fois et talent et réputation ; aussi a-t-il l'immense avantage d'être recherché, d'avoir un public. En peinture comme en littérature, c'est là un grand point. Immense avantage que celui de pouvoir dire en exposant un tableau : « Il sera regardé ; » en publiant un livre : « Il sera lu. » M. Marilhat est donc, comme je le disais, un paysagiste qui a fait ses preuves. Son envoi à l'exposition est des plus remarquables, et parmi plusieurs magnifiques tableaux que nous n'avons pu nous lasser d'admirer, nous avons surtout distingué *la Caravane*.

Ce paysage est une vue des ruines de Balbek en Syrie, une de celles qui ont inspiré à Volney cette inimitable description qui commence son ouvrage. Balbek, située dans la grande vallée du Liban, entre l'opulente Damas et la malsaine Tripoli de Syrie, fut jadis fort célèbre. C'était une ville de jardins et de monuments, parmi lesquels le temple du Soleil, dont on peut encore se faire une idée. « Une multitude vivante animait son enceinte; une foule active circulait dans ces routes aujourd'hui solitaires. » Mais le temps et les commotions terrestres ont triomphé de ces merveilles. Les Turcs ont surtout fait sentir leur passage dans Balbek, et maintenant ce ne sont plus que des ruines. On y compte à peine douze cents habitants pauvres et découragés; seulement, il y passe parfois de nombreuses caravanes, voyageurs qui vont porter les raisins de Damas au pays de Motoualis, ou qui veulent visiter ces magnifiques ruines.

Nous comprenons bien la chaude atmosphère de la Syrie, les horizons infinis dans ces pays de vallées et de déserts, ces terrains pierreux, mais fertilisés par les rosées abondantes de chaque jour, cette nature embaumée qui fait de cette partie de l'Asie un séjour de délices, et qui valut à une contrée voisine le doux nom d'Arabie-Heureuse. M. Marilhat a eu le bonheur de parcourir ces lieux, qu'appellent si souvent nos vœux et notre imagination. Grâce à lui, nous connaissons la Syrie et l'Égypte, Balbek, Rosette, Thèbes et le Caire.

M. Prosper Marilhat est né en 1814. Il a étudié un hiver seulement chez M. Camille Roqueplan, et a voyagé ensuite en Grèce, en Égypte et en Italie.

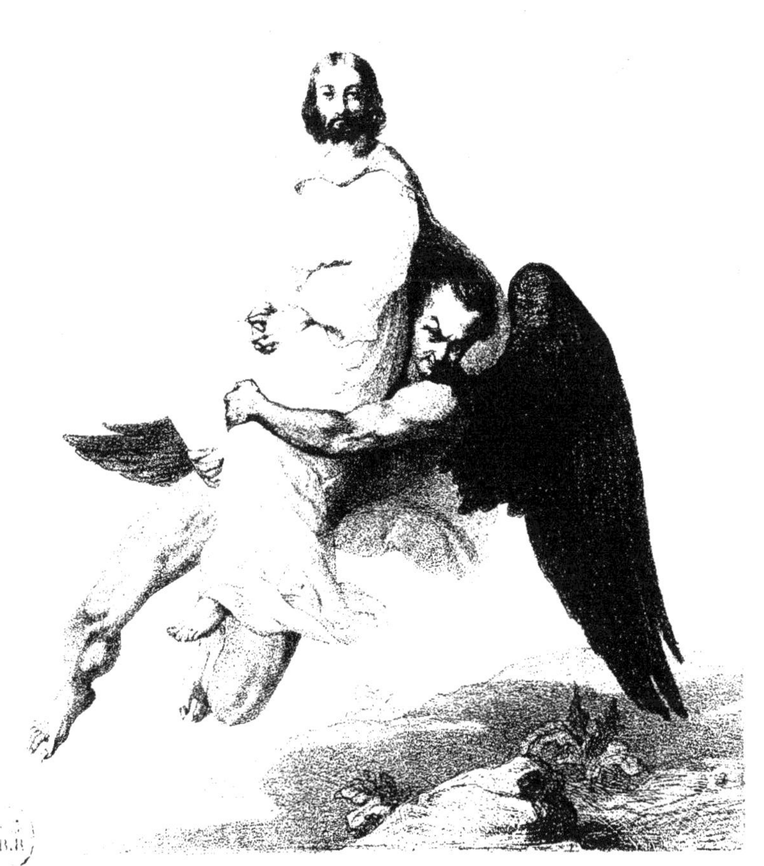

Évang. selon S. Matthieu. Chap IV

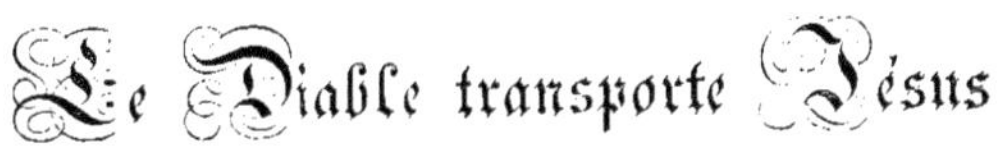

Le Diable transporte Jésus

SUR UNE HAUTE MONTAGNE.

TABLEAU DE M. CHARLES OTTLIER,

Lithographié par lui-même

« 1. Alors Jésus fut conduit par l'Esprit dans le désert, pour y être tenté du Diable.

« 2. Et ayant jeûné quarante jours et quarante nuits, il eut faim ensuite.

« 3. Et le tentateur s'approchant de lui, lui dit : Si vous êtes le Fils de Dieu, dites que ces pierres deviennent du pain.

« 4. Mais Jésus lui répondit : Il est écrit : l'homme ne vit pas seulement de pain, mais de toute parole qui sort de la bouche de Dieu.

« 5. Le Diable alors le transporta dans la Ville Sainte, et, le mettant sur le haut du Temple,

« 6. Il lui dit : Si vous êtes le Fils de Dieu, jetez-vous en bas, car il est écrit qu'il a ordonné à ses anges d'avoir soin de vous, et qu'ils vous soutiendront de leurs mains, de peur que vous ne heurtiez le pied contre quelque pierre.

« 7. Jésus lui répondit : Il est écrit aussi : Vous ne tenterez point le Seigneur votre Dieu.

« 8. Le Diable le transporta encore sur une montagne fort haute. . . . . etc., etc.

« ÉVANG. selon saint Mathieu, chap. 4. »

Si la peinture est comme la poésie et la musique, si elle vit surtout de contrastes, certes le sujet du tableau que nous avons sous les yeux prêtait à l'inspiration. Il importait de faire bien ressortir, mais sans affectation, ces natures si différentes de l'Homme-Dieu et du Démon. Il fallait donner au Christ une figure pleine de grandeur et de majesté; au tentateur, la malice et l'hypocrisie.

Peut-être trouvera-t-on que, dans son tableau, M. Muller ne nous rend pas assez la haute idée que nous avons de la Divinité, et que le Démon n'est pas non plus tel qu'on a coutume de le représenter. Selon nous, ce n'est pas là un défaut; les diables à cornes, à figure verte, à bouche grimacière, effraient les enfants, mais ne renferment aucune pensée; et là, d'ailleurs, il est habitant du monde et non de l'enfer. Sans doute, dans la physionomie de l'Homme-Dieu, on découvre plus le principe humain que la nature divine; mais la pose est sage, et l'on voit bien que le Christ a conscience de sa force; on voit bien que le Démon, lui, a l'espoir de triompher. Quoique les parties de la composition ne soient pas assez étudiées, nous devons cependant reconnaître qu'elle a de l'originalité et du mouvement; on comprend bien l'affaissement du Christ, qui a jeûné pendant quarante jours et quarante nuits.

Le *Massacre des Innocents*, exposé cette année par M. Muller, ne manque ni de vigueur, ni d'exécution. La couleur est vraie, solide, le dessin ne manque pas de verve, qualités principales du talent de ce jeune peintre. Et, s'il nous faut rappeler la grande habileté de M. Muller, nous citerons la belle décoration du Casino, achevée par lui en quinze jours.

M. Charles-Louis Muller est né à Paris le 22 décembre 1815. Il prit des leçons de son père, peintre en miniature, et fut aussi élève du baron Gros. Il a commencé à exposer en 1836.

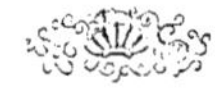

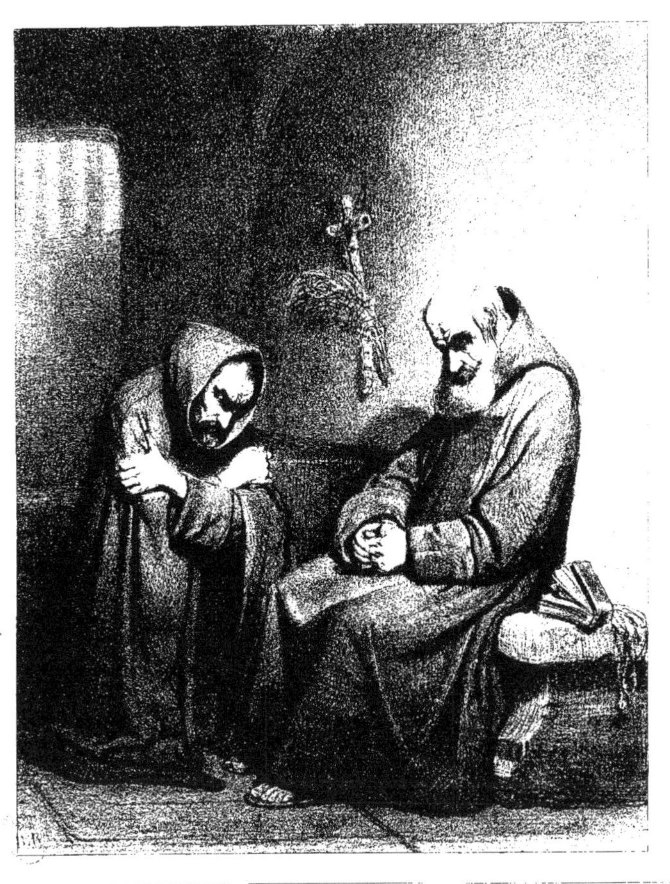

Jacquand

L'Aveu

TABLEAU DE M. JACQUAND.

Lithographié par M. Mouilleron.

Ce moine a entrepris une pénible mission, celle de rester pur au milieu des sensuels plaisirs du monde, celle de résister à ses passions, pour vivre d'une vie claustrale et inerte. En récompense, sitôt qu'il a eu revêtu ce caractère terrible par les devoirs qu'il impose, cet homme a été nommé et reconnu saint par tous; on s'est incliné devant lui; on l'a vénéré. Mais hélas! cette âme qui devait être infaillible, a péché! Aussi, comme elle a honte de sa chute! comme l'aveu de ses torts excite en elle une douleur poignante et terrible! C'est que la moindre de ses fautes est devenue énorme aux yeux des autres hommes; c'est qu'il avait promis plus qu'il n'a tenu; c'est, sans doute, que la vertu s'est trouvée au-dessus de ses forces; c'est que le saint pour la foule s'est senti coupable au fond de son âme. Alors, le cœur brisé et contrit, le front humilié il s'avoue indigne. Qui sait, de l'orgueil ou du remords, lequel des deux sentiments est le plus fort? car l'homme est ainsi fait : il hésite moins devant le crime que devant l'aveu du crime, et la crainte du blâme est son plus grand tourment.

C'est cette situation pénible que M. Jacquand a rendue avec bonheur. Deux moines sont en présence. L'un est le coupable, l'autre est le juge; l'un est humble, l'autre est calme; l'un parle avec effort, l'autre écoute avec tolérance, cette grande vertu du vrai chrétien. Il y a là, voyez-vous, tout un drame profond. Le coupable est à genoux, tête inclinée, les bras étroitement croisés sur sa poitrine haletante, les

mains amaigries et crispées par un muet désespoir. Le juge , lui, ne
veut point être sévère ; il est prêt à consoler le pécheur ; il ne doit que
l'exhorter au repentir, à la pénitence ; il ne lui fera point de repro-
ches, il priera pour lui.

Il fallait que le sentiment particulier qui devait animer chacun des
deux personnages, se traduisît d'une manière saisissable. D'autre part,
il n'y avait point là, pour le peintre, d'effet théâtral à se ménager. Il
lui était impossible de nous séduire, il ne pouvait que nous étonner et
remuer nos cœurs. Le pénitent, dont l'âme et le corps sont en peine,
excite notre pitié ; mais le bon religieux qui l'écoute, est presque digne
de notre admiration.

Ce nouveau tableau de M. Jacquand est à la hauteur des précédents.
Il y a, dans les personnages, un jeu de physionomies parfaitement ex-
primé. L'exécution en est habile, le dessin correct, la couleur bonne.
Parmi les autres ouvrages exposés par le même peintre, nous avons
examiné avec plaisir le *Jour de Saint-Valentin*, épisode tiré du roman
de Walter Scott, et la *Distribution d'aumônes*, tous sujets gracieusement
et coquettement travaillés.

M. Claudius Jacquand est né à Lyon en 1806. Il est élève de Fleury Richard , peintre
de Charles X , et a exposé pour la première fois en 1824.

Il a été nommé chevalier de la Légion d'honneur en 1839.

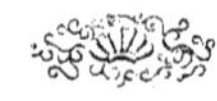

André Giroux

près Rio effet d'Orage

Vue prise à la marre de Bondoufle

PRÈS RIS. (EFFET D'ORAGE.)

TABLEAU PAR M. ANDRÉ GIROUX,

Lithographié par M. Tirpenne.

Avez-vous été quelquefois surpris par l'orage au milieu de vos courses à travers champs? ne vous a-t-il fallu hâter votre marche pour parvenir, le plus tôt possible. au plus prochain village? n'avez-vous pas fui telle position bien écartée, où vous avaient conduit vos rêveries ou bien votre désir de contempler la belle nature? ne vous êtes-vous pas souvent contenté d'un étroit abri dans une carrière de sable ou sous une haie touffue? Alors, les nuages s'amoncelaient au-dessus de votre tête; l'orage éclatait avec ses obscurités, ses lumières instantanées, et ses bourrasques et ses torrents. La terre vous semblait être en commotion. n'est-ce pas? C'est que l'orage transforme la nature.

Dès les premières gouttes de pluie, se détache du sol une poussière fétide qui s'abat bientôt; l'impétuosité du vent courbe le front des arbres, si toutefois il ne les déracine pas; l'horizon est voilé, étroit; les terrains changent de couleur, ils brunissent, et la perspective disparaît presque. Le laboureur endosse son manteau de droguet, les moutons qui paissent se serrent les uns contre les autres, le bœuf patient se couche. Mais bientôt l'orage se dissipe. Un vent frais circule, agite et essore les arbres, les haies, les roseaux dont la tige est abattue. Le ciel commence à se nettoyer; l'eau ruisselle dans l'ornière des chemins; les voitures s'avancent péniblement sur un terrain mouvant et fangeux. Le soleil reluit par intervalle, les nuages ont passé, les hirondelles viennent bien vite chercher le calme, abandonnant ce village submergé à son tour par des torrents de pluie. L'ordre renaît enfin dans cette nature si agitée tout à l'heure. Ne craignez plus, quittez votre abri, reprenez vos courses ou vos rêveries : ce n'était qu'une ondée qui n'a duré que quelques minutes.

C'est la fin de l'orage que M. Giroux a voulu dépeindre, et son paysage en a véritablement subi l'influence; il est d'un aspect vrai, d'une couleur harmonieuse, d'une bonne exécution. Ce tableau ne ressemble point aux précédents ouvrages qui ont fait la réputation de M. Giroux, et pourtant il a toutes les qualités si appréciées par les amateurs de son talent.

M. André Giroux est né à Paris en 1801. Il est élève de l'Académie, et a remporté le grand prix de Rome en 1825. Il a été décoré, en 1837, pour un tableau de la gorge d'Allevard en Dauphiné. Il a voyagé pendant dix ans en Italie, en France, en Suisse et en Angleterre, et en a rapporté un très-grand nombre d'études et de dessins, etc.

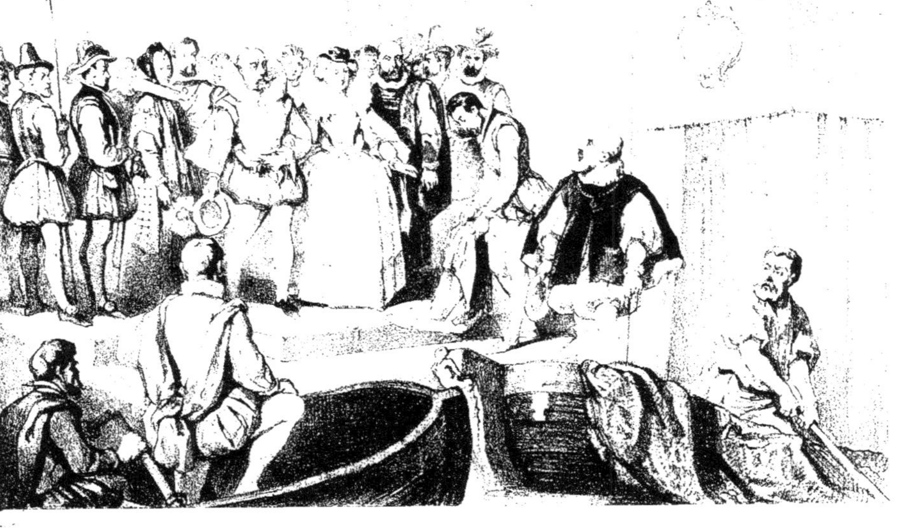

Publication de la France littéraire.

Alfred et Tony Johannot.

Walter Raleigh étend son manteau sur les marches rendues glissantes par la pluie.

(Walter Scott. Le château de Kenilworth.)

L'embarquement

D'ÉLISABETH D'ANGLETERRE

A KENILWORTH.

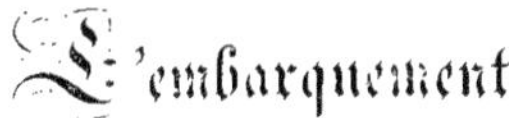

PEINT PAR M. TONY JOHANNOT.

Et lithographié par M. Alophe-M.

S'il est pénible de penser aux artistes qui dorment dans la tombe, il est toujours doux de rendre hommage à leur talent. Plus leur renommée était grande, plus nos souvenirs sont fréquents: car les œuvres de l'artiste, éparpillées çà et là comme des fleurs vivaces, sont autant d'épitaphes ineffaçables. Au rang de nos meilleurs peintres brillait Alfred Johannot, le fidèle et intelligent interprète de Walter Scott, ce peintre de tant de gracieux épisodes. Mais, dans le moment même où son talent était le plus apprécié, le plus populaire, il nous a quittés! Ce fut un coup affreux pour ses amis, pour ses admirateurs! Mourir si jeune, quand on se nomme Alfred Johannot! Oh! nous nous rappellerons toujours celui qui savait allier l'amabilité au vrai mérite: nos yeux ont encore des larmes pour le pleurer, la douleur est encore neuve au fond de nos âmes.

Le jeudi 7 novembre 1837, s'éteignit Alfred Johannot; à peine avait-il atteint sa trente-septième année. Il revenait des eaux de Bade, où sa santé s'était notablement altérée, au lieu de se rétablir comme nous en avions l'espoir. Pendant les derniers mois de sa vie, la maladie avait défiguré ses traits; il sentait sa fin venir, et il supporta courageusement cette terrible épreuve. Il laissait des travaux inachevés, des composi-

tions, des aquarelles, des croquis; et la mort interrompit ces rêves,
ces projets incessants de l'artiste dont la pensée est toute l'essence. Au
nombre de ses œuvres posthumes se trouvait une composition, *l'Embarquement de la reine Élisabeth à Kenilworth*, sujet tiré du beau roman
de Walter Scott, qu'Alfred Johannot admirait et popularisa en France.
Son frère Tony acheva le tableau et l'exposa. Nous avons pensé qu'il
convenait, qu'il était de notre devoir de le reproduire dans cet album,
et cela à deux titres, comme œuvre de mérite et comme un hommage
rendu à la mémoire d'un artiste si vivement et si justement regretté.

Tout le monde connaît le sujet de ce tableau. Élisabeth, la fière,
l'odieuse reine d'Angleterre, va s'embarquer à Kenilworth, par un
temps de brume et de pluie. Elle est magnifiquement habillée, et au
moment où elle s'apprête à descendre les degrés du port pour entrer
dans le bateau, elle regarde à ses pieds; les dalles sont mouillées et
glissantes; ce que voyant, Walter Raleigh, un des suivants du comte
de Sussex, ôte son manteau et l'étend par terre, en guise de tapis,
pour que l'humidité ne traverse pas les souliers de sa belle et noble
souveraine. C'est à cette attention toute courtisanesque que Walter Raleigh dut la haute fortune à laquelle il fut appelé plus tard, et il n'oublia jamais l'embarquement de Kenilworth. C'est ainsi qu'un fait de
présence d'esprit, un à-propos bien placé, sert souvent plus que toute
une vie de zèle et de travail.

Cette petite toile nous a rappelé toutes les brillantes qualités du talent d'Alfred Johannot, l'esprit, la grâce des personnages, la bonne
disposition des groupes, l'élégance des costumes et la finesse de l'exécution. Ce tableau a été délicieusement exécuté par M. Tony Johannot.
Chez ces deux peintres il y avait confraternité d'amitié et de talent, et
leurs noms étaient toujours prononcés ensemble. Pourquoi faut-il que
la mort d'Alfred les ait séparés!

M. Alfred Johannot était né à Offenbach; il a été graveur longtemps avant de se livrer à la peinture. Comme graveur, il commença à exposer en 1824; comme peintre,
en 1831.

Jules Jollivet

Les Bohémiens. — Les Voleurs de bétail (Castille)

 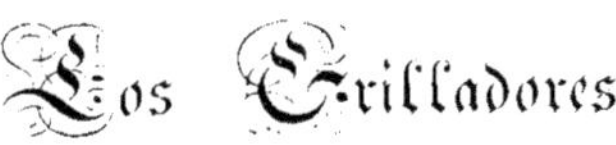

Los Trilladores

Lithographie par M. Bour.

Belle Espagne! à toi le pittoresque, l'originalité; à toi ces coutumes singulières, invétérées, que ta civilisation n'a pu abolir! L'indiscret voyageur n'a pas encore trop souvent profané les rives de tes superbes fleuves; tes mœurs presque inconnues, il ne les a pas dévoilées encore au reste de l'Europe. Tes palais, tes promenades, tes couvents n'ont point disparu, malgré la guerre civile: tu es toujours le pays des aventures, des *folles journées* et des saltarelles. Au sublime aspect de l'Italie tu opposes, toi, l'étrangeté des détails. La vive Espagnole, à la taille svelte, au pied mignon, ne le cède pas en beauté à la fière Italienne. Est-ce que ton ciel n'est pas pur, ton soleil chaud, ton langage harmonieux? Belle Espagne! la paix ramènera en ton sein le règne des arts. Mais, quand le peintre et le poëte auront parcouru tes campagnes, ton charme cessera, et tu auras perdu au frottement des étrangers, le type particulier de tes idées, de tes mœurs et de tes costumes!...

Après la moisson, lorsque le blé coupé a séché dans les granges, et qu'un soleil ardent en a ensuite doré les épis, les paysans espagnols l'étendent soigneusement par terre, comme on fait des couches de fumier. Aussitôt les *trilladores* commencent leur opération: ils attèlent les chevaux à un lourd traîneau armé de cailloux tranchants et chargé de travailleurs; puis ils les fouettent et les font courir rapidement sur

le tas de gerbes amoncelées. La pression, motivée par le poids du traîneau, et l'action des cailloux, sépare le grain d'avec l'épi et coupe
la paille. Après, les batteurs se mettent à enlever cette paille hachée,
à ramasser les grains de blé qui se sont fait jour au travers. Cette
prompte et habile manière de battre le grain existe en Espagne depuis
un temps immémorial.

En nous retraçant la scène des *Trilladores*, M. Jollivet a ajouté une
page de plus à sa petite histoire pittoresque, on peut le dire, de l'Espagne, qu'il a visitée et habitée pendant plusieurs années. En effet, il
nous a dépeint, depuis son retour, des aventures d'alcades, de guéril-
las, de couvents, etc.; et nous nous rappelons aussi des sujets espagnols
plus importants, tels que *Christophe Colomb découvrant l'Amérique*, et *la
Mort de Philippe II dans l'Escurial*.

Parmi les autres tableaux exposés par M. Jollivet, on remarque le
Couronnement d'épines, composition d'un style sévère, et qui peut former
pendant pour la *Descente de Croix* du même peintre, qui a fait partie
du Salon de 1839. Le *Couronnement d'épines* n'a peut-être pas assez
d'originalité, mais le travail est avant tout consciencieux et étudié.
Quant aux *Trilladores*, c'est un tableau de genre gracieux dans l'ensemble et les détails, qui n'a pas de prétention à l'effet, et qui par cela
même (il en est souvent ainsi) plaît aux amateurs de sujets anecdoti-
ques. Il est d'une couleur fort agréable, d'une disposition heureuse;
pourtant, disons-le, le paysage et les fonds semblent manquer d'air.

M. Jules Jollivet est né à Paris en 1813. Il a d'abord étudié l'architecture chez
MM. Huvé et Famin, puis la peinture chez M. Dejuinne et le baron Gros. Il a voyagé
en Espagne, de 1825 à 1828, et en a rapporté beaucoup de tableaux et d'esquisses.

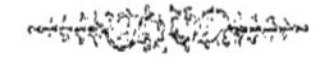

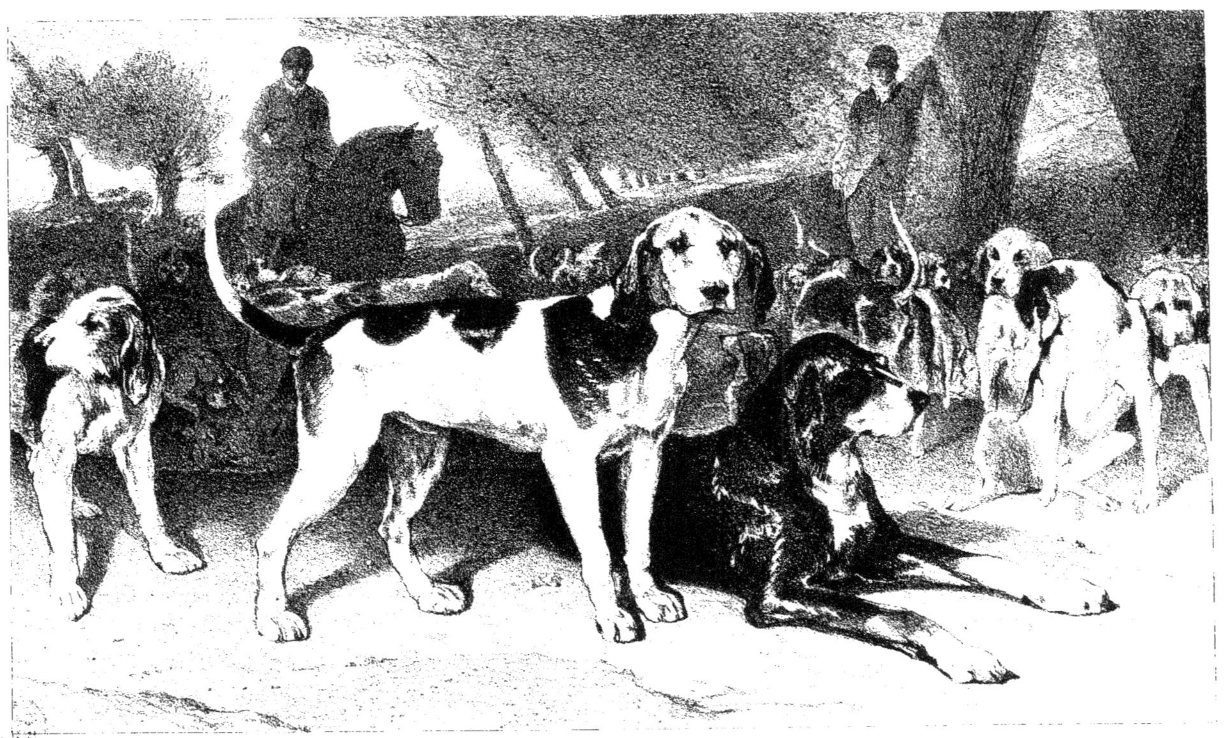
Publication de la France littéraire.
Godefroy Jadin.
(Ce tableau appartient à S.A.R. M.?? le Duc d'Orléans.)

La Meute à l'Ébat

Lithographie par M. Eugene Ciceri.

Je sais des tableaux officiels qui doivent nous offrir le portrait frappant de l'empereur de la Chine, par exemple, ou bien l'exposé fidèle d'un combat de l'Algérie. Autour de ces ouvrages se groupe un bon nombre d'amateurs, attirés vers les uns par l'attrait de la curiosité, vers les autres par le patriotisme. Alors le sujet est la chose principale du tableau, et le talent de l'artiste ne devient pour ainsi dire qu'une question secondaire; c'est qu'il s'agit, tantôt d'un épisode célèbre, tantôt d'un souvenir historique que l'on connaît déjà ou que l'on veut connaître; en un mot, il s'y trouve un intérêt quelconque, et l'intérêt suffit souvent pour motiver le succès d'un tableau.

Mais ici le mérite du peintre peut seul captiver notre attention. Nous n'avons pas à examiner complaisamment la physionomie d'un grand homme, nous n'avons pas à nous rendre compte d'un beau fait historique, selon la manière dont on nous l'a dépeint; nous entendrons seulement aboyer une nombreuse meute de chiens, sorte d'armée qui entre promptement en campagne, et qui a bien aussi ses guides, ses généraux, ses conscrits. Ce *Lucifer*, qui nous paraît si fier et si franc du collier, qui se pavane, qui tranche du seigneur, n'a peut-être que le garde-chasse pour chanter ses victoires; cet intrépide *Barbaro*, qui s'acharne tant à la poursuite du gibier, qui bondit d'aise au son du cor, et quitte à regret les fourrés, n'a pas, je vous jure, les honneurs du triomphe. Leur renommée à tous deux nous est inconnue;

quoi qu'il en soit de leur mérite, il est probable que leurs noms ne pourront pas

Aller de bouche en bouche à la postérité.

Par son paysage *des Vaches*, d'une fermeté de tons et d'une chaleur remarquables, M. Jadin s'était déjà haut placé. *La Meute à l'ébat* est d'un dessin excellent: les chiens ont de l'animation, et je ne puis me persuader qu'un coup de sifflet de ma part ne ferait pas dresser les oreilles aux fameux *Lucifer et Barbaro*, même à cet autre brave qui fait sa toilette tout à son aise, et qui me paraît fort occupé. Ce tableau, qui obtient un beau succès, fait partie d'une suite de sujets destinés à orner la galerie du pavillon Marsan, et commandés par son altesse royale monseigneur le duc d'Orléans. Elle est dignement commencée, et nous fait bien augurer des tableaux qui suivront.

Mais, à propos de *la Meute à l'ébat*, il importe de constater un progrès remarquable tendant à se développer dans l'architecture. L'art va enfin trouver place sur les plafonds et les boiseries, et succéder au genre décoration. MM. les architectes feront exécuter des bas-reliefs par Barye, Pradier et Moine, et ils confieront au talent de nos peintres de belles toiles formant panneaux, qui pourront se déplacer, et qui, par conséquent, ne souffriront ni des dégradations ni des démolitions.

M. Godefroy Jadin est né à Paris le 30 juin 1805. Il a passé plusieurs années en Italie, et a obtenu une médaille à l'exposition de 1834.

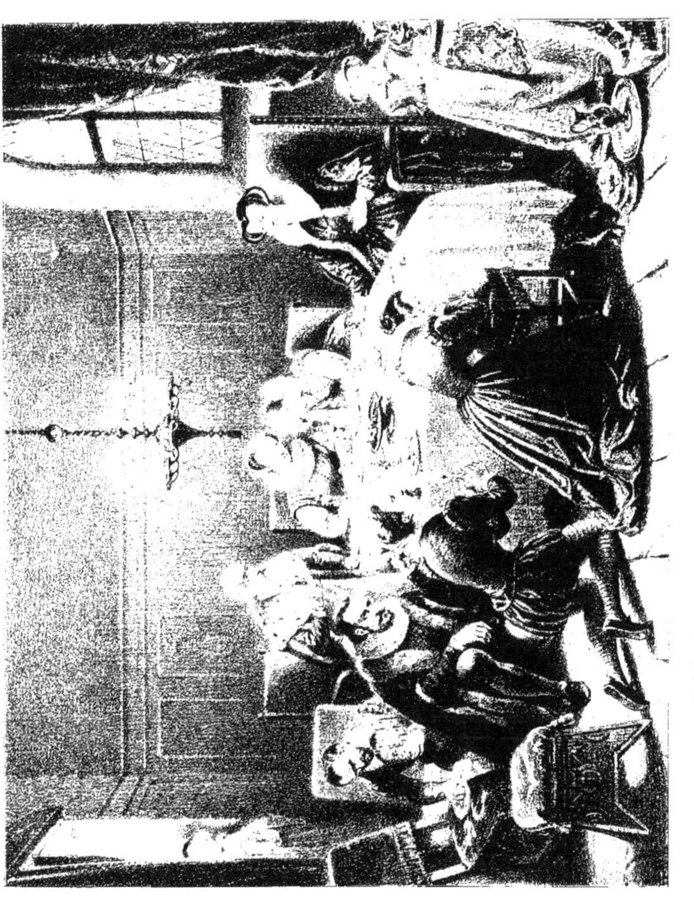

Dernier Repas
DE MARIE STUART,

Lithographié par M. Bour.

Lorsqu'on entend prononcer le nom de la malheureuse reine d'Écosse, on s'indigne contre Élisabeth. C'est une de ses rivales, par conséquent une de ses victimes; et alors, comme le malheur s'est appesanti sur la tête de la belle Marie Stuart, comme sa mort a expié ses fautes, on ne doit point la juger, on ne peut que la plaindre. L'excès dans le châtiment d'un coupable en fait presque un innocent. Que sera-ce donc s'il n'y a point eu de preuves certaines, et si l'on doute encore de la culpabilité? Mais l'histoire est la fille des événements, fille ingrate, indiscrète, qui révèle tout au grand jour avec sa voix puissante; l'histoire a dévoilé les causes intimes de la rivalité d'Élisabeth. Reine, elle craignait la puissance de Marie Stuart; femme, elle jalousait sa grâce et sa beauté. Ce fut affaire de politique et de coquetterie.

Marie Stuart avait reçu avec résignation l'arrêt de mort prononcé contre elle; seulement elle se souvenait amèrement de la France qu'elle aimait et qu'elle avait quittée avec tant de regrets après la mort de son époux François II. Or, le 7 février 1587, suivant le récit de Pasquier, dans ses *Recherches*: « Condamnée à l'échafaud, Marie Stuart, la veille de sa mort, beut sur la fin du souper, à tous ses gens, leur commandant de la pléger, de lui faire raison. A quoi obéissans, ils se mirent à genouil, et meslant leurs larmes avesques leur vin, beurent à

leur maistresse. » Dans ce souper mémorable, la reine d'Écosse avait
essayé de consoler ses fidèles amis et serviteurs, elle leur avait montré
son courage et la tranquillité de son âme à l'approche du moment
fatal. Aucune larme ne s'était échappée de ces beaux yeux qui allaient
bientôt se fermer pour toujours. Elle présidait majestueusement ce
repas d'adieu, comblée des bénédictions de tous, et puisant dans l'expression même de ces regrets universels, sa force à quitter la vie.
Quelle heure plus solennelle! quelle situation plus pénible! Ne devons-
nous pas nous associer à cette douleur immense qui précéda la mort
de l'infortunée Marie Stuart?

C'est là une des pages les plus saillantes de l'histoire d'Angleterre:
Pasquier seul, parmi les écrivains français, nous l'a transmise dans son
naïf et beau langage. M. Serrur a choisi là un sujet admirable, plein
de sentiment et de caractère. Quoiqu'il l'ait traité avec les proportions
d'un tableau de genre, ce n'en est pas moins un véritable tableau d'histoire: il est bien composé, il est d'un bel effet. Les personnages qui
forment la scène sont bien en proie à la douleur, et mêlent évidem-
ment leurs larmes au vin qu'ils boivent en l'honneur de leur souveraine. Et ce vieillard, courtisan dévoué, rare exemple de l'accomplissement des devoirs, quel chagrin le dévore! l'âge ne lui a pas permis
de s'agenouiller, mais il regarde la jeune reine, et boit comme les
autres pour obéir à ses ordres.

Tout est étudié dans le tableau de M. Serrur, ensemble et détails,

M. Serrur est né à Lille en 1797. Il est élève de M. Regnault, et a obtenu trois médailles d'or aux expositions du Louvre.

Publication de
la France Littéraire

Fac-simile d'un Dessin de Paul Flandrin d'après la Statue de SIMART.

Oreste réfugié à l'Autel de Pallas; (Statue en marbre)

Oreste réfugié à l'autel de Pallas

STATUE EN MARBRE

DE M. CHARLES SIMART,

FAC-SIMILE D'UN DESSIN DE M. PAUL FLANDRIN,

Par M. Alophe-M.

La sculpture est l'art par excellence, le seul avec la poésie qui survive aux générations détruites; elle crée autant que cela est possible; elle donne le corps. Dieu seul peut donner l'âme. Son domaine, c'est la nature, ce sont les lignes sévères du nu et l'animation des muscles. C'est en le comprenant ainsi que les Grecs avaient porté si haut cet art sublime; et en effet, l'histoire de Pygmalion est le symbole de la statuaire chez eux: il a si parfaitement réalisé sa pensée que son œuvre s'est animée, et qu'il a, dieu de l'art, formé un être à son image.

Mais le goût antique s'est peu à peu refroidi, la sculpture a dédaigné sa pureté primitive. Beaucoup d'artistes ont négligé l'étude austère du nu pour rechercher l'effet du costume, et ils n'ont pas senti que l'apparente facilité de cette nouvelle manière cachait d'immenses obstacles, et qu'à tout prendre, il fallait une supériorité de talent au moins aussi grande pour l'une que pour l'autre, et qu'avec le costume, il était au contraire plus difficile d'arriver au beau idéal.

M. Simart, l'auteur d'*Oreste réfugié à l'autel de Pallas*, s'est renfermé dans l'étude de l'antique; il a compris d'abord qu'il importait au statuaire de choisir un personnage simple et grand à la fois, comme un héros d'épopée; il a cherché une situation multiple, aussi la figure d'Oreste est profondément triste et douloureuse; son corps a conservé

sa vigueur, mais, malgré ses efforts, il ne se soutient plus. Voyez comme
cette tête est abattue, comme cette main est faible et inerte, comme
cette jambe s'étend convulsivement! On comprend bien qu'il y a encore un reste de force dans cet abattement du héros, dont la narine est
presque fermée, dont la bouche exhale un soupir.

M. Simart recherche avant tout la vérité et l'individualité; la forme
n'est point pour lui une simple convention; la beauté est à son point
de vue la même qu'à celui de beaucoup d'autres, parce qu'elle est prise
dans la nature. Il y a dans cette statue de la grâce, de la vigueur, de
l'élégance; en un mot, elle ressemble à l'antique. M. Simart doit cette
perfection à des études consciencieuses. L'*Oreste réfugié à l'autel de
Pallas*, est un des plus beaux marbres qui aient été exposés depuis
longues années.

Il n'est pas inutile de faire remarquer aussi avec quelle habileté cette
statue a été reproduite par le crayon pur et correct de M. Alophe-M.,
d'après le dessin de M. Paul Flandrin. M. Simart ne pouvait trouver
de plus scrupuleux interprètes, et ici, le scrupule est une qualité d'un
prix inestimable.

M. Charles Simart est né à Troyes en 1808. Il est élève de MM. Pradier et Ingres;
il a remporté le grand prix en 1833.

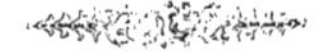

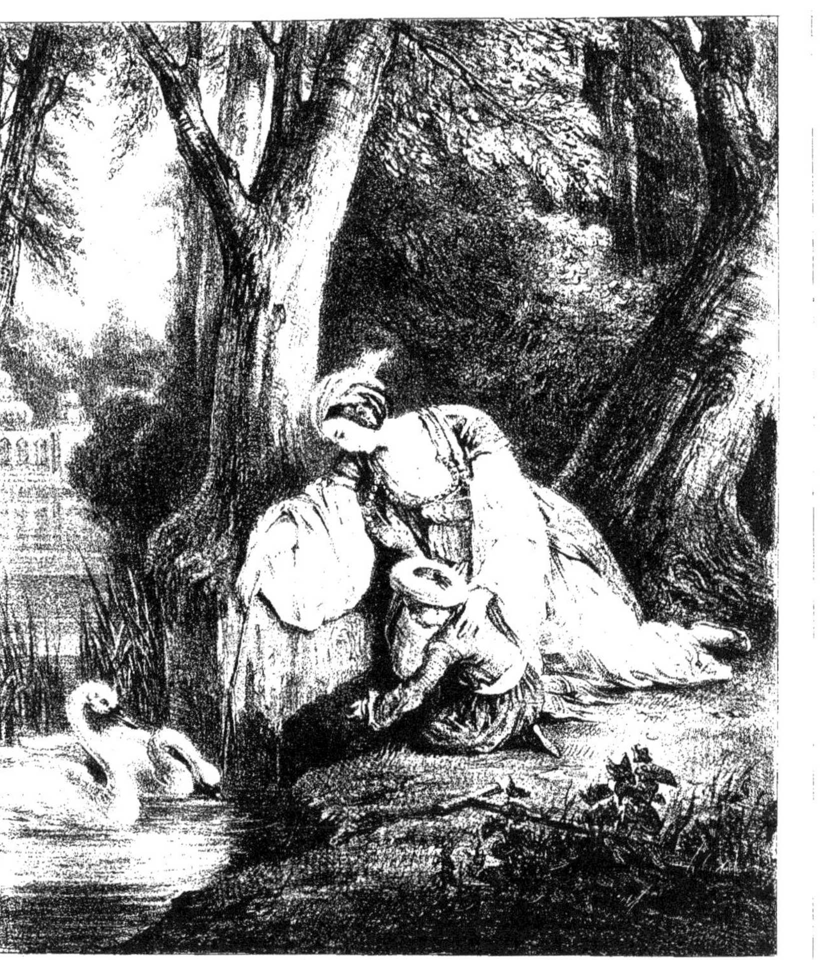

Les Cygnes

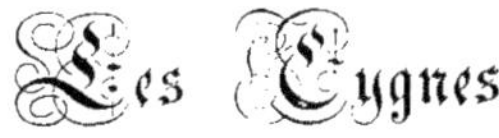

TABLEAU DE M. ALEXANDRE COLIN,

Lithographié par lui-même

Tout prosaïques que nous sommes, dans ce siècle d'illusions chiffrées, de préoccupations gravement frivoles, de sèche philosophie, nous rêvons parfois encore les jardins d'Armide. Nous aimons encore à nous transporter par l'imagination dans ces bosquets parfumés, ces grottes fraîches et obscures, ces parterres-mosaïques de fleurs, sous l'ombrage de l'exotique palmier.

C'est pour nous un reste des traditions paternelles, de nos souvenirs d'enfance, et de M. de Florian.

La féerie est comme le temps, elle poétise les objets réels, des grands hommes elle fait des héros; elle touche à la fois notre esprit et nos sens, si bien que nous nous rappelons davantage Renaud que Duguesclin, parce que celui-ci est demeuré en chair et en os, tel qu'il était, avec ses rudes manières, son seul aspect guerrier, et que celui-là a été environné de charmes et de prestiges, tour à tour aimé, perdu, déshonoré, trahi, bienheureux.

Les peintres se sont laissé entraîner par les poëtes, et ils ont fabriqué souvent des natures féeriques, ne comprenant pas qu'il fallait absolument les créer. Dieu sait ce qui en est advenu. Combien avons-nous vu d'étangs limpides ressemblant à des marres, sur la surface desquels se promenaient des nacelles, ou plutôt de véritables coquilles de noix? Nous nous croyions souvent dans ce charmant pays de Cocagne, dont le voyageur chansonnier nous a révélé les merveilles.

D'autres se sont livrés aux seules études de nature, et il s'est trouvé
que là surtout apparaissait pour nous la poésie: par exemple, dans un
plein midi de M. Jules Dupré, une forêt de M. Cabat, un effet du soir
de M. Corot, ou bien encore, si vous voulez, un site de M. Marilhat.

Mais les convictions en matière d'art ne donnent pas le droit d'être
exclusif; et, puisque nous savons nous passionner encore pour le *clin-
quant* du Tasse, selon l'expression dédaigneuse de Boileau, permis à
nous de fixer notre attention sur les tableaux qui nous reportent aux
visions orientales, aux scènes féeriques.

Nous avons sous les yeux *les Cygnes*, petit tableau de genre de
M. Alexandre Colin. Une femme d'Orient, belle et riche personne,
après avoir promené son jeune enfant dans un magnifique parc, le
mène au bord d'un étang, et lui montre les cygnes qui animent ce miroir transparent qui réfléchit les arbres et les palais. L'enfant veut
jouer avec eux; il les appelle, et sa mère, ayant arraché une tige de
roseau, les attire vers son fils. Ce petit tableau, d'une couleur char-
mante, a de la fraîcheur et de l'agrément.

La Résurrection, qui fait partie des tableaux envoyés à l'exposition
cette année par M. Colin, est une toile considérable. C'est son début
dans la peinture sacrée, début heureux et qui peut l'engager à marcher
franchement dans cette nouvelle voie.

M. Alexandre Colin est né à Paris en 1798. Il est élève de Girodet. Sa première exposition date de 1819. Il a été le directeur de l'École de dessin de Nîmes, depuis 1834
jusqu'au milieu de l'année 1839.

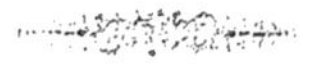

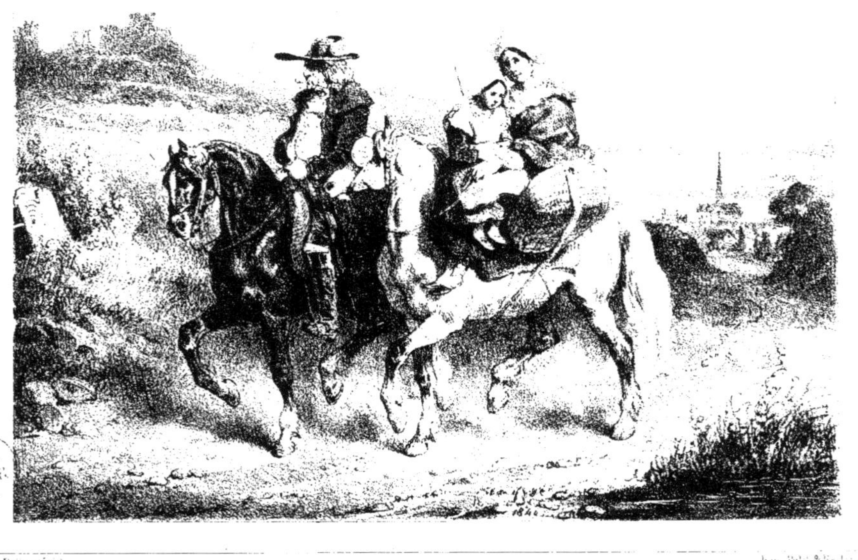

Le Retour de la Ville

Le retour de la Ville

[illegible]

Lithographié par lui-même

Je me rappelle avoir rencontré souvent sur la route de Rouen, un
peu au-dessus de Rolboise, des paysans normands, à cheval, et che-
minant au petit trot jusqu'à la ville voisine. Les jours de marché,
c'était une affluence considérable de fermiers qui allaient ou revenaient
de vendre leur beurre et leurs légumes. Combien de fois le père, la
mère et l'enfant montaient le même coursier! Le père tenait les guides
pour diriger la marche, la mère et l'enfant galopaient en croupe; ou
bien, pour peu que la provision fût lourde et embarrassante, on arra-
chait à l'herbe tendre les deux chevaux de la ferme, et la petite caravane tenait la route, comme nous le dépeint M. Bellangé.

En Normandie, les paysans ne sont pas coquets. Leur plaisir est de
fumer, de rire, de récolter et de *dépoteyer* quelques bons pots de cidre.
La toilette compte pour bien peu dans la dépense du ménage: et j'ai
connu, près de Lisieux, un fermier riche à plus de huit mille livres de
rentes, qui mettait régulièrement cinquante francs de côté par an, pour
son entretien, ni plus ni moins. Mais il n'en est pas de même des mé-
nagères. La dentelle ruisselle sur leur costume, depuis la coiffe jusqu'au bas des jupes. Si leur taille n'est pas plus svelte, plus étroite,
cela ne tient qu'au goût, à la mode du pays. Du reste, bagues, épin-
gles, boucles d'or, ne leur font pas faute; joignez-y une extrême
propreté dans l'ajustement, et vous connaîtrez les avantages extérieurs
des femmes de Normandie. Au village, la fermière se contente bien du

bonnet de coton, du jupon rayé, du fichu de Rouen; aussitôt qu'elle se rend à la ville, ce classique costume disparaît; la coiffe remplace le bonnet, et la mantille le fichu.

M. Bellangé, ce peintre spirituel, pour qui Napoléon semble avoir créé le *grognard*, n'a pu manquer en Normandie de petites scènes de genre. Elles y fourmillent, on en rencontre à chaque pas, et il trouve là de quoi se délasser de ces travaux plus sérieux qui sont dus à son habile pinceau. Depuis plusieurs années, M. Bellangé a eu de grands succès. Le musée de Versailles renferme un de ses tableaux qui est fort remarquable. On s'y arrête avec charme et intérêt, devant cette *Bataille de Wagram*, si pleine de mouvement et de combinaisons stratégiques. La *Lunette Saint-Laurent*, où se rencontre un épisode de la vie du brave général Haxo, appartient au roi.

Outre plusieurs petites toiles, M. Hippolyte Bellangé a exposé cette année la *Bataille de Houdschoote*, qui ne le cède pas à ses devancières, preuve irrécusable que M. Bellangé s'entend parfaitement à disposer des corps d'armée... dans un tableau. Plus d'un vieux soldat, plus d'un ci-devant grognard, aujourd'hui simple pékin, a senti son cœur palpiter lorsqu'il a eu jeté les regards sur ces glorieuses pages de notre histoire nationale, décrites avec tant d'intelligence et tant d'habileté.

M. Joseph-Louis-Hippolyte Bellangé est né à Paris en 1800. Il est élève de Gros. Il commença par faire de la lithographie, puis de l'aquarelle, enfin des tableaux. Il a publié plusieurs albums de charmantes compositions lithographiées, parmi lesquels l'*École du soldat*, et des sujets militaires.

Il a été nommé membre de la Légion d'honneur après l'exposition de 1835.

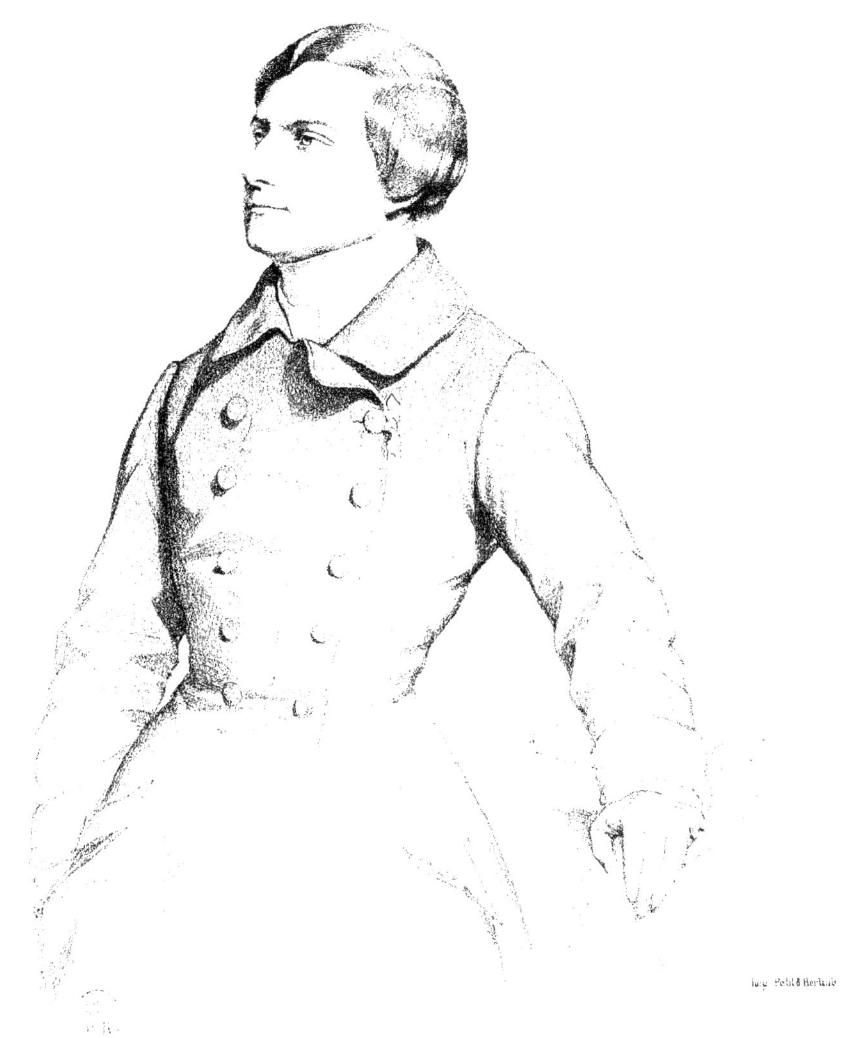

Portrait de M. d'Arcet

par Guignet aîné

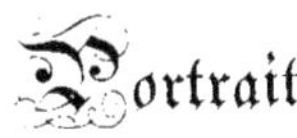 Portrait

DE M. FÉLIX D'ARCET,

PEINT PAR M. GUIGNET AÎNÉ.

Lithographié par M. Alophe-M.

Nous l'avons déjà dit, le genre portrait appartient à l'art véritable, aussi bien que toutes les plus grandes compositions possibles. La question, à cet égard, ne peut s'élever que devant l'œuvre exécutée. Si elle est belle, il y a de l'art, et on le comprendra facilement en se reportant à cette idée fondamentale, que la peinture n'est que la reproduction de la nature elle-même : or, un portrait bien fait remplit cette condition. Mais il est inutile de s'appesantir plus longtemps sur cette matière. Pour nous, fidèles à ce principe qu'il faut estimer les belles choses là où elles se trouvent, et sous quelque aspect qu'elles se présentent, nous avons donné place dans notre Album au portrait de M. D'Arcet, par M. Guignet.

Nous avons rendu hommage aux œuvres de MM. Amaury-Duval, Hippolyte Flandrin et Auguste Charpentier ; nous avons signalé leurs études approfondies et toute la perfection de leur talent, pour approcher de la nature. M. Guignet, lui aussi, a droit à nos éloges. Le portrait de M. D'Arcet le met au premier rang ; il est impossible de peindre avec plus de verve et d'exactitude, de rendre la physionomie avec plus de vérité ; sa pose est noble, gracieuse ; elle a bien cet air que

donne l'habitude du beau monde; l'expression de la figure est spirituelle. Et puis, quel fini précieux! quelle netteté dans les traits! quelle
entente du coloris!

Lorsque je vis pour la première fois ce portrait (c'était le jour même
de l'ouverture du Salon), je m'arrêtai longtemps devant pour l'examiner à mon aise. Qu'il doit être ressemblant! me disais-je;—à l'instant
j'aperçus, en me retournant M. D'Arcet. C'était bien lui; il est impossible de porter plus loin la ressemblance. J'appréciai en un moment
ce premier talent de portraitiste, et j'examinai encore avec une plus
grande attention; j'y remarquai beaucoup d'autres qualités.

Ce portrait est plein d'éclat, il plaît dès l'abord. On comprend ensuite l'habileté et le savoir-faire du peintre; il s'est montré sobre de
coloris sans en manquer le moins du monde; tout cela est brillant,
mais sage et convenable à la fois; rien de heurté dans la touche, rien
de forcé dans la pose. Il y a plus que de la *ressemblance vulgaire*, et cela
reste cependant dans les strictes limites de la vérité.

M. Jean-Baptiste Guignet, né à Autun en 1812, entra, en 1827, chez M. Regnault
pour y étudier la peinture; il n'a pu guère profiter des leçons de ce maître, M. Regnault
étant mort quelques mois après l'entrée de M. Guignet dans son atelier. M. Guignet a
continué à étudier seul. Il a fait de magnifiques portraits; ceux de Mme Purdy et de
Mme la comtesse d'Hautpoul, lui ont valu deux médailles d'or.

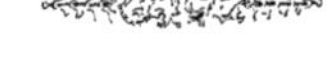

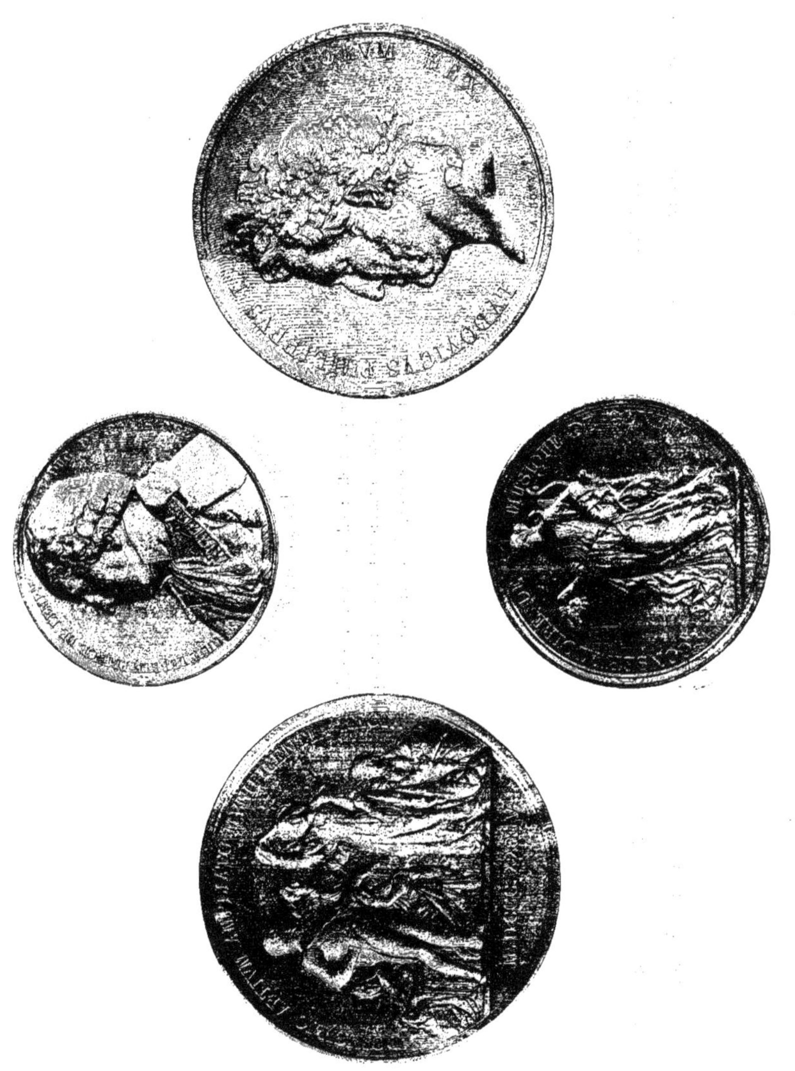

Gravures en Médailles

[illegible]

Gravées par le procédé A Collas.

TRÉSOR DE NUMISMATIQUE ET DE GLYPTIQUE.

La médaille est un monument de l'histoire, monument allégorique ou réel. Sur ces petites tables de bronze se grave la pensée des peuples, demandant au métal une durée certaine : c'est moralement et matériellement leur vie en relief. En effet, les médailles ne consacrent que les principaux faits de l'histoire : ce sont comme autant de jalons, jetés de distance en distance, pour indiquer la marche de l'humanité. On le voit, la mission du graveur en médailles est noble, sérieuse, élevée : il est à la fois sculpteur et historien : son œuvre fera foi plus tard : on l'interrogera pour connaître l'exacte physionomie d'une époque.

D'après son caractère monumental lui-même, la médaille doit dire beaucoup avec peu, sous-entendre une pensée dans un mot, une multitude de faits dans un seul homme. Aussi sera-t-elle souvent allégorique. Elle personnifiera les choses, pour en rendre l'intelligence plus facile. On ne doit donc pas s'étonner que les sociétés antiques aient tant honoré cet art. Les Égyptiens, les Grecs et les Romains excellèrent dans la gravure en médaille ; ils s'y adonnèrent et ont atteint, pour ainsi dire, la perfection. Combien de mystères historiques n'ont-ils pas été dévoilés ainsi ? Combien de fautes ont pu être relevées par des découvertes de médailles ? Nous leur devons des documents cachés ou tronqués par la plume de l'écrivain.

En France, on frappa très-peu de médailles sous les deux premières races de nos rois. Elles commencent à peine à Charles VIII, Louis XII et François Ier; encore sont-elles confondues avec les monnaies. Sous Henri II et ses successeurs, la gravure en médailles se perfectionna, grâce aux encouragements de toute sorte qui lui furent décernés. Louis XIII, Louis XIV, lui donnèrent un brillant essor; et l'on vit apparaître de grands artistes en ce genre : les Georges Dupré, les Warin, les Molart, les Duvivier, qui nous ont laissé de véritables chefs-d'œuvre.

Les médailles ont abondé pendant la révolution; elles sont remarquables alors, moins par leur mérite réel que par leur étrangeté. Il y eut une foule de graveurs particuliers, qui retracèrent les moindres événements de l'époque, sans que leur pensée fut soumise à aucune espèce d'examen. L'empire releva l'art de la gravure sous ce rapport, et il n'est guère de victoires de Napoléon qui n'aient été célébrées par une ou plusieurs médailles. Ce progrès continue de nos jours avec l'accroissement du nombre des amateurs.

Parmi les graveurs actuels se distinguent MM. Barre, Bovy, Depaulis. Nous avons remarqué surtout au Salon de cette année, les médailles de M. Bovy, qui sont d'un style élevé, d'un beau caractère, et qui rappellent les magnifiques camées antiques.

Nous croyons que c'est une indifférence reprochable à la presse de ne jamais s'occuper des médailles, car là encore se rencontre l'art, ce grand soleil aux mille rayons différents.

M. Bovy (Antoine) est né à Genève; il est élève de M. Pradier.

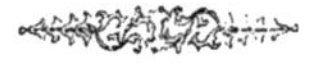

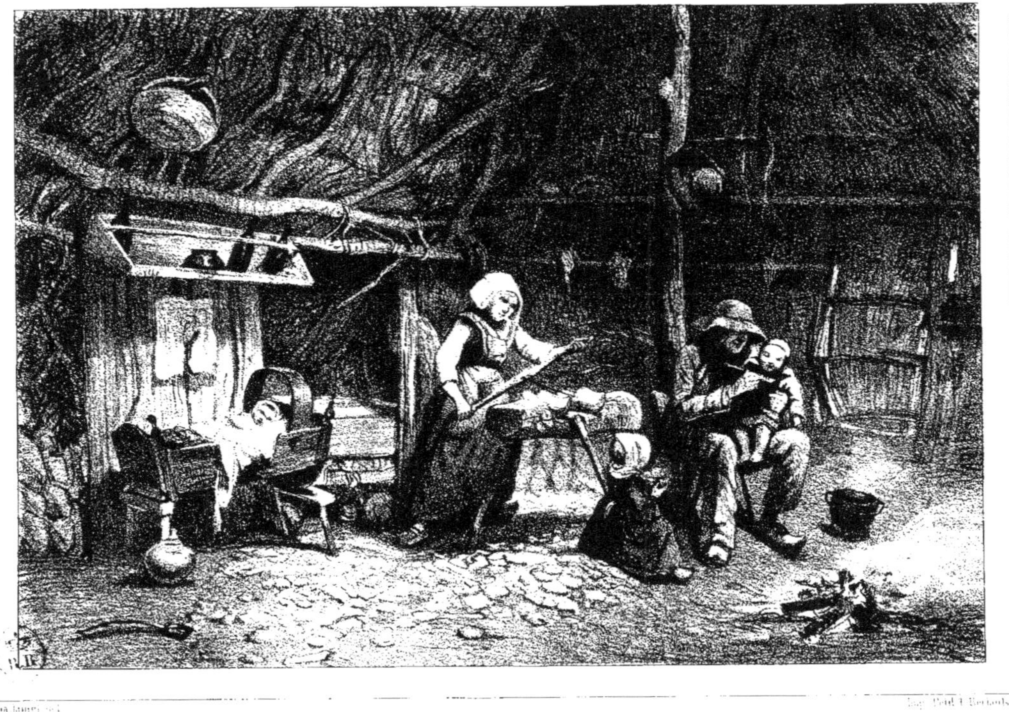

au Centre d'une Forêt en Basse-Bretagne

Une Saboterie

TABLEAU DE M. CHARLES FORTIN,

Lithographié par M. Challamel.

Vous partez, à grands frais, pour parcourir l'Europe ou l'Asie, vous traversez l'Océan pour voir le Nouveau-Monde ; lorsque vous revenez de ces longs voyages, l'expérience est à vous, au prix des conséquences de vos fatigues. Cependant, voyageurs, vous ne vous expatriez pas toujours ainsi, avec intention de tracer votre itinéraire, de rechercher l'origine et l'importance des villes que vous parcourez, de donner à votre retour la relation de vos voyages.

Non ; vous partez bien souvent, tout bénignement, en chaise de poste, heureux quand la voiture peut vous conduire jusqu'en Bohême. Vous allez faire une promenade, recréer vos yeux, et respirer l'air des montagnes du Tyrol et des champs dorés de l'Italie. Il s'agit, pour vous, de passer votre temps et de saisir une occasion de plus pour dépenser agréablement votre fortune ; il s'agit pour vous de pouvoir dire, l'hiver suivant, au bal de l'ambassadeur ou au foyer de l'Opéra : « J'ai vu Genève, Saint-Pétersbourg, Milan, Naples, etc. » Eh bien ! avez-vous visité votre pays, la France ? n'a-t-elle pas des droits à votre curiosité ? pourquoi ne pas lui donner la préférence ? Comment, vous avez vu toutes ces lointaines contrées, et jamais vous n'avez parcouru le Dauphiné, les Basses-Pyrénées, les bocages de la Vendée, les montagnes du Jura, et surtout la sauvage Bretagne ! Croyez-vous que toutes ces provinces manquent de pittoresque? — Nous allons vous faire pénétrer dans une saboterie bretonne; vous jugerez.

Au cœur d'une épaisse forêt de la Bretagne, on rencontre quelques chétives cabanes de bois et de branches mortes, recouvertes de terre. Ce ne sont point des repaires de bêtes fauves; des hommes naissent là, vivent et meurent là; à peine se doutent-ils de la série des jours. Lorsque les arbres de la forêt commencent à secouer leurs feuilles, ils savent que le froid va venir; et lorsque les branches verdissent, ils cessent d'aller à la provision de bois. De loin en loin, ils se mêlent aux habitants de la ville située à plusieurs lieues de là; ils y portent seulement des charges de sabots et y achètent quelques ustensiles de ménage. Dans cette cabane, où le père et la mère travaillent sans cesse, l'enfant nouveau-né couche dans une crèche, et mange du pain noir aussitôt après avoir sucé le lait maternel. Les murs sont brunis par la fumée de l'âtre; le parquet est naturel, en terre; et quelquefois la pluie traverse la paille du toit. Si vous allez visiter les hôtes de ces habitations, ils vous reçoivent cordialement; il n'y a pas chez eux de misère : l'habitude et la nécessité les ont rendus heureux là.

M. Fortin a beaucoup étudié la Bretagne, et nous venons de faire la description bien incomplète d'un intérieur de saboterie, qu'il a exposé cette année. Tous ses petits tableaux sont vrais; ce sont de délicieux portraits de la poétique Bretagne.

M. Charles Fortin, né à Paris en 1814, a étudié chez M. Camille Roqueplan.

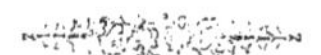

Publication de la France littéraire.
F. Grenier.

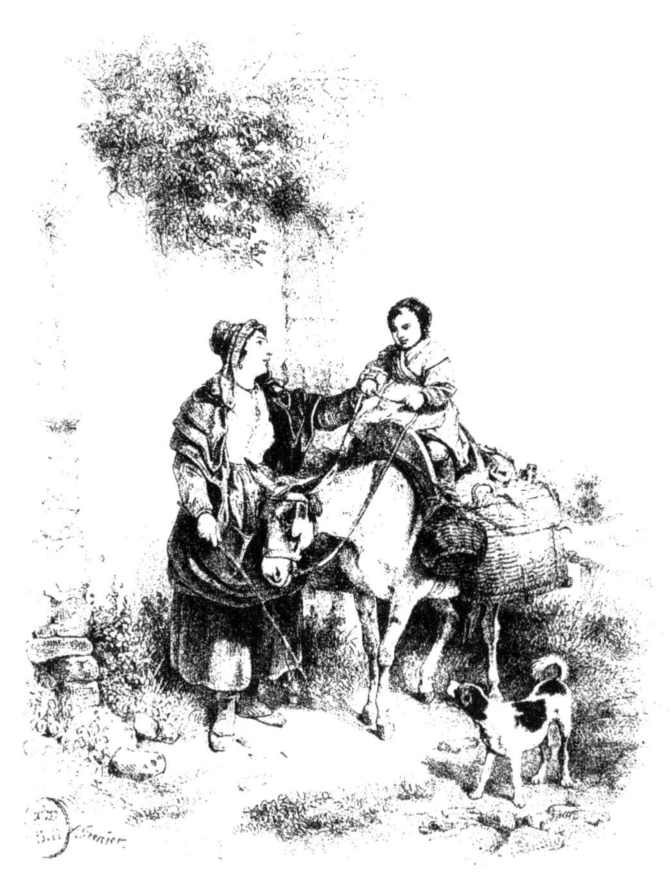

Le retour de la ville.

Le retour de la Laitière

TABLEAU DE M. FRANCISQUE GRENIER,

Lithographié par lui-même.

Les tableaux de M. Grenier sont autant de petites *Nouvelles* gracieusement arrangées pour nous divulguer, par-ci par-là, quelque épisode d'intérieur villageois, pour nous décrire quelques coins de paysage, bien simples, bien isolés, bien vrais. Il n'aime pas à gravir les montagnes : l'aspect d'un torrent lui fait peut-être peur; et j'inclinerais à penser que l'immensité d'une mer sans rivages lui a rarement suggéré de fébriles inspirations. Il ne lui faut pas de ces fougueuses natures que Dieu crée d'un mot, et que l'homme peut à peine comprendre. Il n'ose point lutter contre les difficultés qu'éprouve le peintre obstiné à les reproduire. Il lui suffit d'une maisonnette au détour du chemin, du clocher qui domine le village, du petit bois battu par les chasseurs, des champs de blé où gazouille l'alouette, et de tous les paysans qui peuplent nos campagnes.

Là ne se borne pas le talent de M. Grenier. Il a peint plusieurs tableaux du genre historique, dont un, le premier qu'il ait exposé, et qui retraçait la mort d'Atala, lui valut une médaille. Nous connaissons de lui quelques tableaux de batailles parfaitement composés et habilement peints.

On doit le compter aussi parmi nos plus habiles lithographes. Il a fait paraître beaucoup de sujets et de recueils lithographiés. Nous citerons ses *Chasses*, qui obtinrent un grand succès. M. Grenier est un de ceux qui, dans ces derniers temps, ont le plus contribué à rendre populaire la lithographie, cet art qui sut faire bonne justice de ses détracteurs, et qui s'est tant perfectionné depuis quelques années.

Parmi les tableaux exposés au Salon de cette année par M. Grenier, on remarque des *Enfants jouant avec un Chien*, et le *Retour de la Laitière*; ce dernier tableau a été lithographié par M. Grenier lui-même, et prend place dans notre collection.

Le sujet est gracieux. Une jeune mère, qui vient de vendre du lait à la ville, a placé son petit enfant sur le cheval de ferme. Elle le soutient, car elle tremble pour lui. A quelle prévoyance ne conduit pas la sollicitude maternelle? La laitière est encore fraîche et jolie; on voit que cet enfant est chéri comme un premier fruit du ménage. Comme il s'amuse! comme il est heureux! c'est qu'il a grandi bien vite, par enchantement, et qu'il peut regarder sa mère du haut de sa taille. — A gauche, une muraille qui borde le chemin. Au fond, un paysage, une rivière qui se perd à l'horizon. Tout cela est frais et coloré, et d'un laisser-aller tout charmant. Nous pourrions reprocher seulement à M. Grenier un peu de mollesse dans l'exécution; M. Grenier est un des peintres de genre qui a le plus de succès; et il le mérite.

M. Francisque Grenier Saint-Martin est élève de David. Il a exposé pour la première fois en 1810, et a obtenu une médaille d'or de première classe en 1834. M. Jeannin édite avec beaucoup de succès, depuis longtemps, ses différents ouvrages.

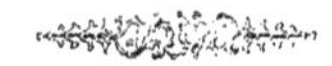

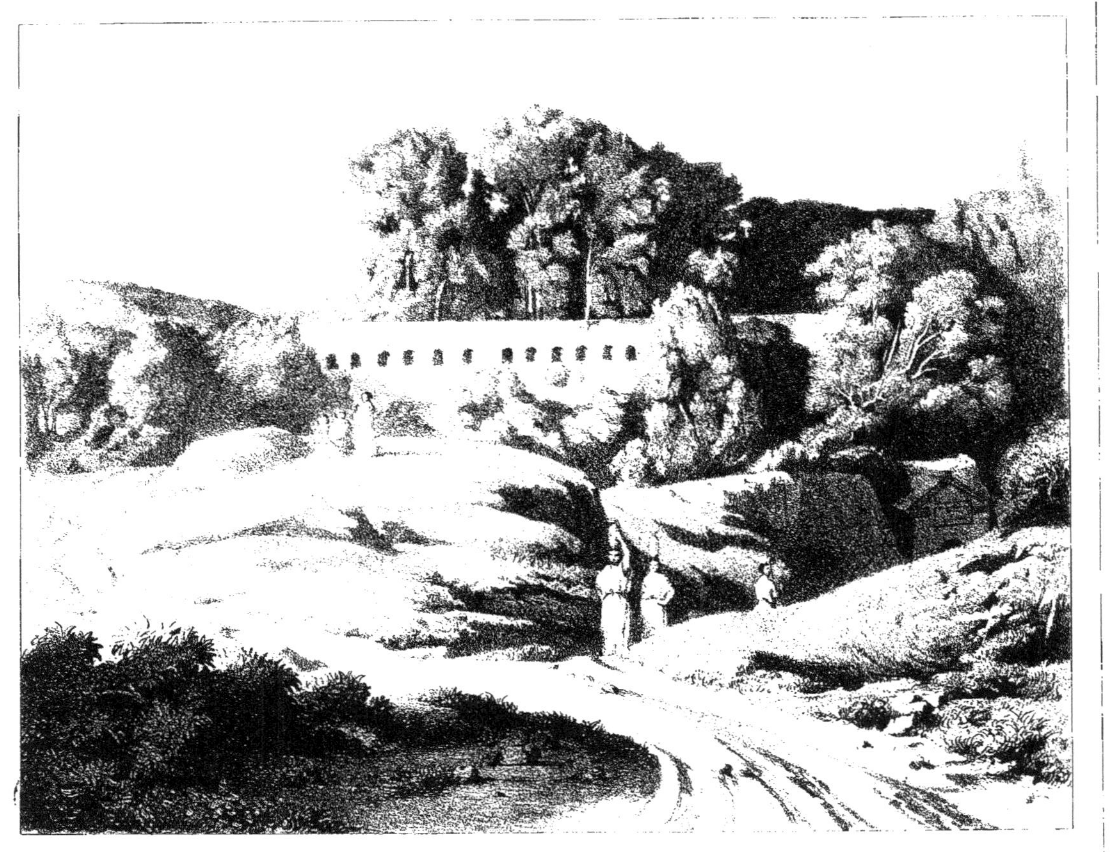

Paysage

(Campagne de Rome)

Paysage

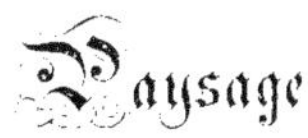

Lithographié par M. Français.

Parfois, au coin du feu, dans les plus tristes jours d'hiver, nous nous prenons à regretter la verdure, les fleurs, le ciel bleu; nous nous retraçons, par la pensée, les sites les plus pittoresques de nos voyages : mais il semble que le givre attaché à nos carreaux refroidisse nos souvenirs; nous avons une idée vague des objets: leur couleur et leur forme nous échappent.

Alors, si un peintre ami, compagnon de nos courses, a traduit sur la toile ces merveilles de la nature parée; si, en tournant nos regards vers quelque embrasure de croisée, un tableau nous apparaît animé, exact, fidèle, nos impressions nous reviennent bien vite. — Voilà cette belle esplanade d'Avranches, d'où l'on aperçoit le mont Saint-Michel: cette romantique gorge d'Appenzel, qui nous fait rêver la Suisse entière; cette campagne de Rome, à l'aspect poétique et sauvage!

Quel malheur de n'avoir pu étudier et reproduire tous les coins de pays que nous avons parcourus!

M. Paul Flandrin nous promène aux environs de Rome; il nous montre ces prairies accidentées que domine la magnifique villa du noble Italien, que traversent en chantant toutes les femmes d'Albano et de Tivoli. Ne nous lassons pas d'admirer ici la pureté sévère des lignes et la savante perspective. C'est là que se rencontrent les premières, les plus précieuses qualités du paysagiste. Suivons ces sentiers qui sillonnent

la campagne, descendons à droite dans cette vallée boisée, où l'on doit
respirer une exquise fraîcheur. Qui nous empêche d'atteindre le sommet du plateau? Nos regards s'étendront au loin, et ce suave horizon
que le brouillard nous paraît d'ici envelopper comme un voile de gaze,
se rapprochera de nous et deviendra plus distinct.

Ces derniers mots nous ont échappé sitôt que nous avons aperçu les
paysages de M. Paul Flandrin. Nous étions insatiable, nous ne pouvions
nous contenter de l'étroit espace embrassé par lui dans son tableau;
nous aurions voulu parcourir encore avec lui toute cette riche campagne.

Ce qu'il y a de plus exact à dire pour apprécier les paysages de
M. Paul Flandrin, c'est qu'ils sont d'une belle forme. On y reconnaît
le style du Poussin, moins la touche vigoureuse qui le caractérise. C'est
la même ordonnance des terrains, la même disposition des plans.
Quant à la couleur, on sent que M. Paul Flandrin la comprend inva-
riablement telle qu'il l'indique, mais elle pourrait avoir plus d'éclat.
Au reste elle ne manque pas de vérité, et, si quelque jour M. Paul
Flandrin devenait plus coloriste, s'il cherchait à allier aux belles lignes
de ses paysages l'étude brillante des détails, il se mettrait sans contre-
dit au premier rang.

Outre le paysage que nous donnons, nous avons remarqué plusieurs
autres tableaux de M. Paul Flandrin, parmi lesquels nous citerons la
Vue prise à l'île Barbe aux environs de Lyon, et surtout *les Pénitents de la
Mort dans la campagne de Rome*.

M. Paul Flandrin est né à Lyon en 1811. Il a obtenu une médaille d'or en 1839. Il
est élève de M. Ingres.

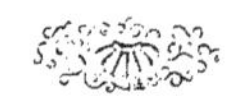

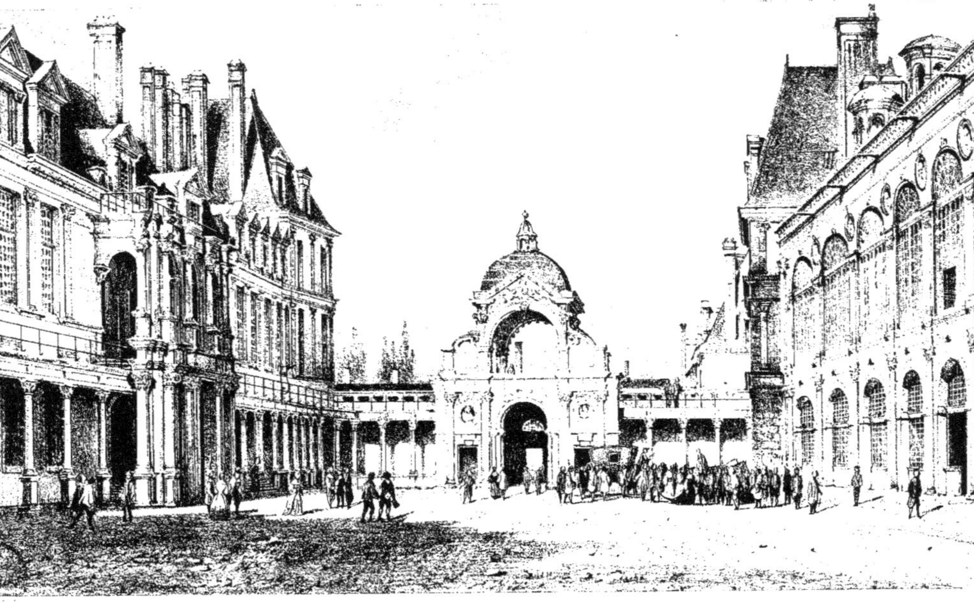

Cour Ovale du Château de Fontainebleau

Arrivée de Christine reine de Suède

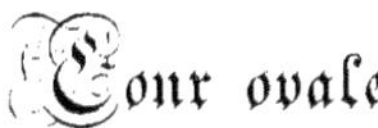Cour ovale

DU CHATEAU DE FONTAINEBLEAU,

(ARRIVÉE DE CHRISTINE, REINE DE SUÈDE.)

TABLEAU PEINT PAR M. JUSTIN OUVRIÉ,

Lithographié par M. Victor Petit.

Christine-Alessandra, la fille de Gustave-Adolphe, mena une existence de reine et de savante. Pendant vingt et un ans elle gouverna la Suède avec sagesse, avec esprit ; puis elle se dégoûta du trône. Au grand étonnement de toute l'Europe, elle abdiqua les splendeurs royales au profit de son cousin, et visita la Flandre et l'Italie. C'est après ces deux voyages qu'elle vint se fixer en France, à Fontainebleau. Là, elle fut reine encore, par les grâces et les talents. Sa cour nombreuse se composait des poëtes, des savants de l'époque, et Louis XIV lui-même, rendit de grands honneurs à Christine. L'arrivée de la reine de Suède à Fontainebleau fit du bruit en France : on lui trouvait des manières étranges, des idées excentiques, pour une personne de sa qualité.

Mais ce que l'on condamna à bon droit dans sa conduite, ce fut le meurtre de Monaldeschi. Le châtiment du coupable, ainsi puni par des voies illégales, ressemblait trop à une vengeance. Reine, elle eût commis là un excès de pouvoir. Devenue, par son séjour en France, hôtesse et presque sujette de Louis XIV, son fait portait atteinte à la justice royale.......

M. Justin Ouvrié, voulant peindre la *Cour ovale* de ce palais, qu'ha-

bitèrent tant de princes célèbres, a su donner à son tableau un autre
intérêt encore que celui qui ressort exclusivement de l'art. Il s'est figuré
voir Fontainebleau pendant le dix-huitième siècle, et de plus, il a choisi
pour sujet l'arrivée de Christine. C'est en effet, avec l'abdication de
Napoléon, l'événement historique qui préoccupe le plus ceux qui vi-
sitent aujourd'hui ce magnifique palais. Les gardiens ne connaissent
que ces trois demandes : La cour des *Adieux?* — la chambre de Christine? — le tombeau de Monaldeschi? tombeau qui est à Avon, village
près de Fontainebleau.

Cette cour ovale est un assemblage d'architectures diverses. François Ier, Henri IV et Napoléon, se sont surtout complu à l'embellir
à leur manière. On y voit du style *renaissance*, du style *Louis XIII*,
et de l'*arrangement* impérial. — Un monument est resté debout, qui
avait vu les fêtes, qui s'était ressenti les caprices de plusieurs têtes couronnées qui ne sont plus!

Le tableau de M. Justin Ouvrié est d'abord d'une exactitude scrupuleuse, jusque dans les moindre détails; et l'exactitude du dessin est
à l'architecture ce que la ressemblance est au portrait, elle est aussi
indispensable que parfois difficile à obtenir. La couleur différente des
bâtiments de diverses époques de la *Cour ovale*, est finement et habilement indiquée. Et ici, nous ne pouvons nous empêcher d'adresser
le même éloge au lithographe, M. Victor Petit. Revenant au peintre,
nous ajouterons que son tableau est plein de lumière et d'harmonie,
et que les figures, bien disposées, concourrent à l'effet heureux de
ce charmant tableau.

M. Justin Ouvrié a exposé aussi de jolies aquarelles.

M. Justin Ouvrié est né à Paris en 1806. Il est élève de M. le baron Taylor, de
M. Abel de Pujol, et de M. Chatillon, architecte. Aux expositions du Louvre qui se sont
succédé depuis 1829, il a envoyé un grand nombre d'aquarelles et de tableaux inspirés
par l'Angleterre, l'Allemagne et l'Italie, qu'il a visitées. Il a obtenu une médaille d'or
en 1831.

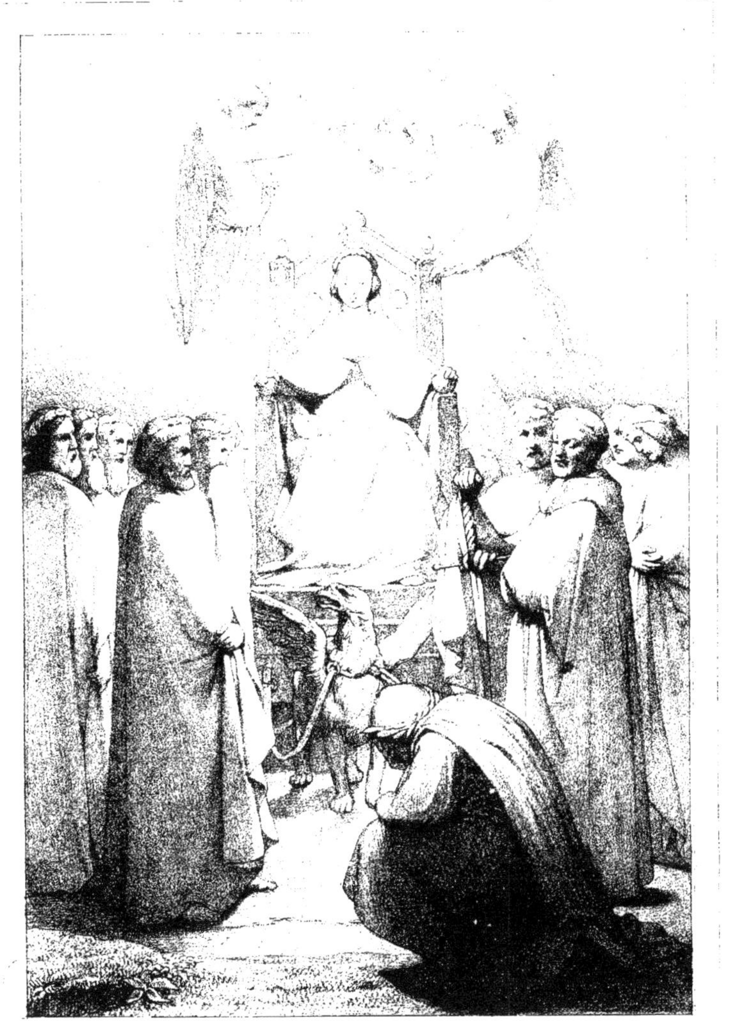

Apparition de Beatrix au Dante.

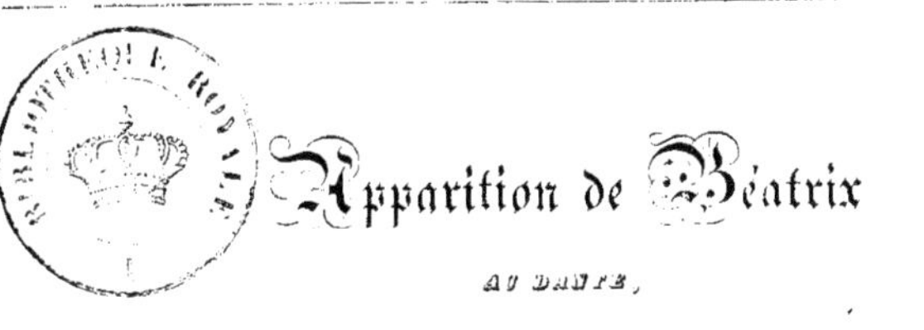

Lithographié par M. Léon Noël.

Dante Alighierri naquit à Florence, la merveille toscane, en 1265. Il consacra les *prémices de sa Muse à l'amour*, comme disent les biographes.

Dante est, selon nous, l'imagination personnifiée; son œuvre est multiple, chacune de ses pensées en contient implicitement mille autres. C'est là le propre du génie, c'est là sa fécondité: il semble vouloir exprimer toujours moins qu'il ne pense. Lorsqu'on lit les vers de Dante, on sent qu'il y aurait tout un commentaire à essayer sur chacun d'eux.

Il fut le plus grand homme de son siècle, et c'est à lui que l'Italie a dû sa suprématie intellectuelle pendant le moyen âge. A cause de lui, qui avait marqué la route, elle brilla au moment où les autres nations de l'Europe commençaient à peine à sortir de la barbarie. Ce n'est pas tout : ce poëte chose inouïe! ce poëte, qui avait devancé son époque, ne perdit jamais dans la suite sa position suprême. D'autres ont eu plus de forme, plus de pureté; aucun ne l'a surpassé pour le génie.

Lisez le Dante, et vous serez inspiré. C'est une intarissable source qui coule pour tous, pour le poëte, pour le peintre, pour le statuaire, pour le musicien. Cet effrayant génie suffit à en alimenter plusieurs autres; et combien de chefs-d'œuvre ne devons-nous pas à Dante, outre ses propres ouvrages! Comment n'en serait-il pas ainsi?

« Voulez-vous être remué, dit M. de Chateaubriand dans son *Génie du Christianisme*; voulez-vous savoir jusqu'où l'imagination de la douleur peut s'étendre? voulez-vous connaître la poésie des tortures et les hymnes de la chair et du sang? Descendez dans l'Enfer du Dante. »

On connaît l'épisode de *Béatrix*. C'est le plus beau passage du Purgatoire; c'est, avec *Francesca di Rimini*, la plus magnifique création du poëte italien. Il lui a prêté tant de charmes, tant de vertus, tant de prestiges, qu'il s'est surpris à l'aimer. Elle lui a retracé le modèle parfait de la sainte passion de l'amour; elle lui est apparue en songe; elle lui a soufflé l'inspiration; la créature a contribué au pouvoir de son créateur.

Longtemps le Dante a été méconnu en France. On n'oubliera pas, plus tard, que la nouvelle école littéraire a réparé cette énorme injustice de plusieurs siècles, et qu'elle a su comprendre toute la sublimité poétique et philosophique du Florentin. Les Chateaubriand, les Hugo, les Michelet, les Ingres, les Delacroix, les Louis Boulanger, et mille autres, n'ont pas dédaigné de s'inspirer de ses œuvres. L'art ne périt jamais; tôt ou tard il sort vainqueur des chaînes qu'on lui avait données. C'est ainsi que furent réhabilitées ces grandes figures du moyen âge, que nos pères trouvaient si barbares.

L'*Apparition de Béatrix au Dante* a été parfaitement comprise et exécutée avec talent par M. Henri Delaborde. Il y a dans ce joli tableau des qualités de premier ordre, de l'harmonie, et une certaine teinte radieuse qui va bien au sujet. On voit que M. Henri Delaborde a étudié les maîtres avec fruit.

M. Henri Delaborde est né à Rennes en 1812. Il est élève de M. Delaroche. Il a obtenu une médaille d'or en 1837.

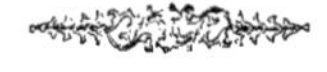

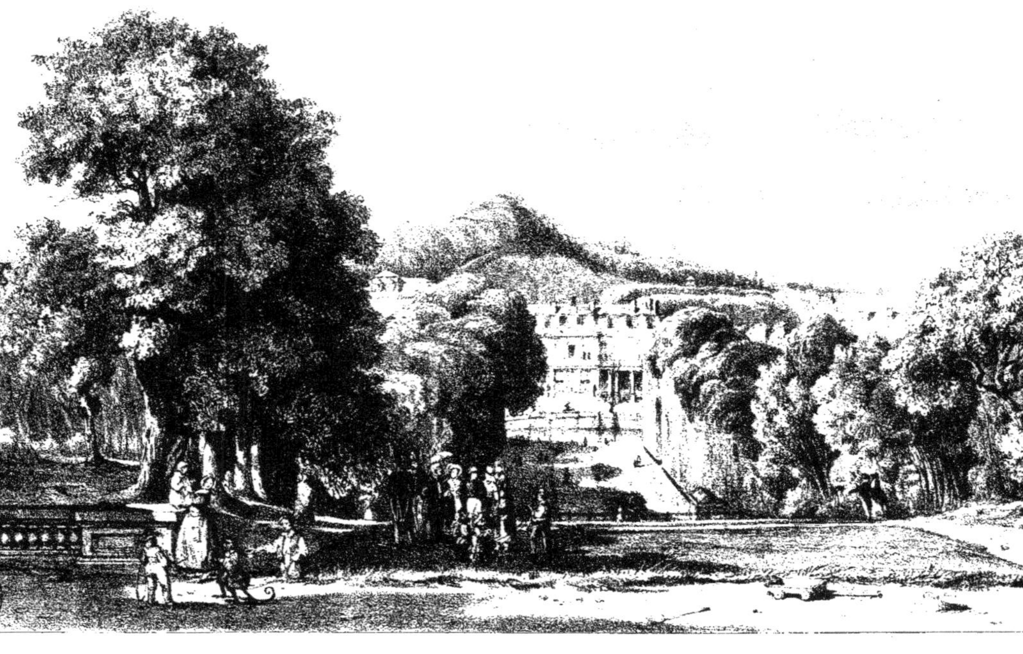

Vue Prise à St Cloud.

Une du château de St-Cloud

Prise de l'avenue conduisant à la Lanterne de Diogène,

TABLEAU PEINT PAR M. CHARLES CHAPLIN.

Lithographie par lui-même.

Le château de Saint-Cloud appartenait à la maison d'Orléans, lorsque Marie-Antoinette, à laquelle il plaisait beaucoup, en fit l'acqui-
sition en 1782. Elle y passa de douces journées, dans l'imprévoyance
de la catastrophe politique qui se préparait.

En 1793, le parc et le château furent mis au nombre des propriétés
nationales. On ne conserva qu'une partie des jardins, et le reste dut
servir à des plantations utiles. On y remarquait, ainsi qu'à Versailles,
quelques champs de légumes. Cette double destinée ne dura que fort
peu d'années. Saint-Cloud redevint complétement un lieu de plai-
sance; et, sous le gouvernement directorial, le conseil des Cinq-cents
et celui des Anciens y furent transférés.

C'est là que se passa, comme on sait, la révolution de Brumaire,
une des plus grandes épreuves de la vie politique de Napoléon. Le
souvenir de sa réussite lui resta longtemps au cœur, et l'Empereur fit
de Saint-Cloud ce que les Bourbons avaient fait de Versailles. Il y ré-
sidait habituellement, sitôt que le démon de la guerre cessait de l'agi-
ter. C'est de Saint-Cloud que sont datés la plupart de ces magnifiques
décrets, aussi importants que des victoires, et où il s'occupait de la
prospérité matérielle de la France. L'Europe entière connaissait le
Cabinet de Saint-Cloud.

Napoléon prodigua les embellissements au parc et au palais. De

nombreux artistes s'appliquèrent à le décorer, et les fêtes les plus
somptueuses s'y succédaient.

Le parc de Saint-Cloud est bien situé; il est accidenté, frais, sombre
en mille endroits. Si l'on monte jusqu'à une certaine position en forme
de terrasse, et où se trouve la *Lanterne de Diogène*, on jouit d'un coup
d'œil magnifique: on aperçoit au loin Paris, avec ses dômes et ses
tours, ses hautes maisons; la Seine se déroule dans la campagne
comme un large ruban d'argent, et l'on découvre la belle avenue des
Champs-Élysées.

A l'intérieur, si l'on se place à une des fenêtres du palais, la vue est
bornée, mais cependant délicieuse. Ce sont des massifs de chênes et
de marronniers verts, qui forment l'horizon d'un parterre émaillé de
fleurs. L'aspect général est simple. Bien sûr, le parc de Saint-Cloud
est un des plus pittoresques qui existent en France, dans les domaines
royaux.

C'est en face du château que M. Guiaud s'est placé pour peindre son
tableau. C'était le plus beau point de vue. Il l'a rendu exactement,
fidèlement, de manière à évoquer nos souvenirs. Les tons variés et riches des arbres s'y font bien sentir; le terrain du premier plan est bien
peint, le ciel est lumineux. En résumé, c'est un bon tableau.

M. Guiaud a fait avec succès de nombreuses et charmantes aquarelles, et a enrichi de ses dessins plusieurs magnifiques publications.

M. Jacques Guiaud est né à Chambéry le 15 mai 1810. Il est élève de MM. Léon
Coignet, Watelet et Gué. Il a voyagé en Italie, dans le Tyrol, en Allemagne et en Bel-
gique, et a exécuté, d'après quelques-unes des études faites dans ces différents pays,
des tableaux qui ont été acquis par le Roi.

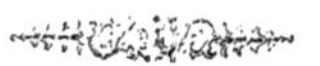

Publication de la Revue littéraire.

H. Baron

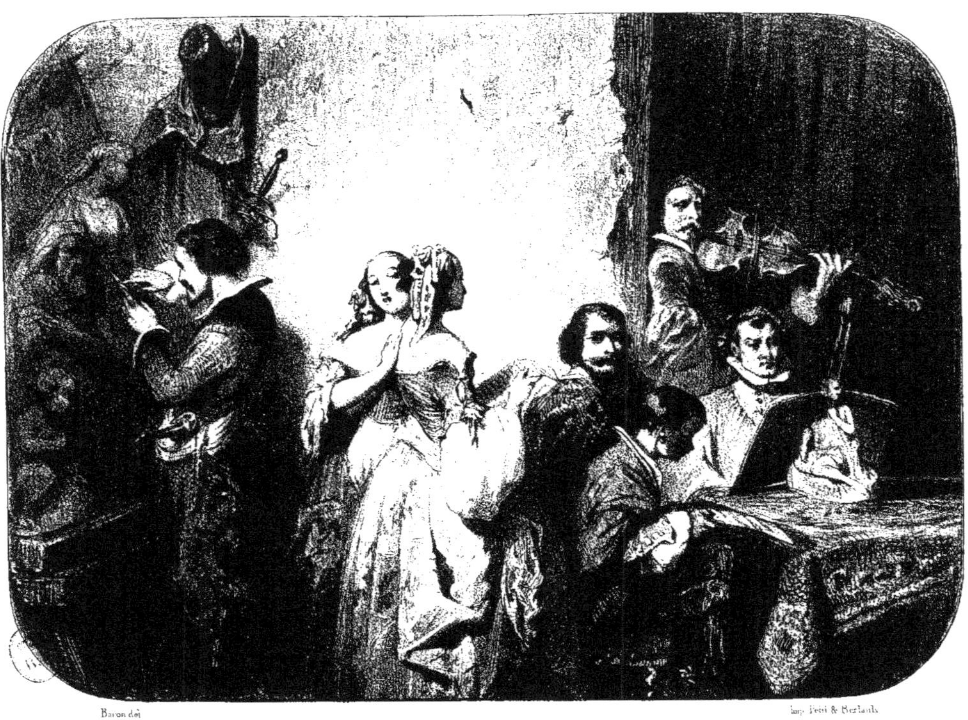

Un Atelier de Sculpteur.

Chaillon et Cie, rue de l'Abbaye, P¹ S¹ C⁵

Atelier de Sculpteur

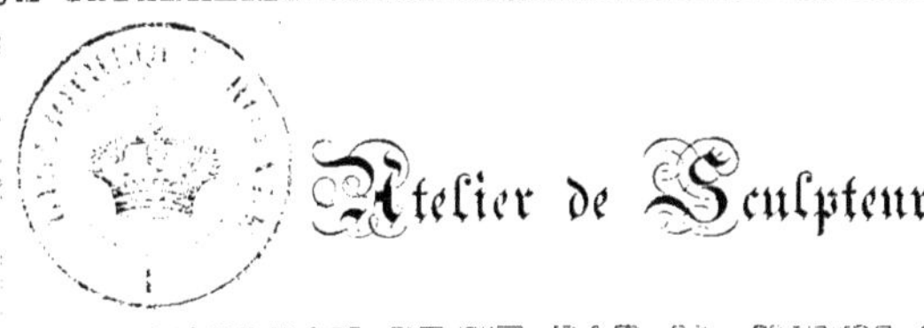

TABLEAU PEINT PAR M. HENRI BARON,

Lithographié par lui-même.

Sur la porte, au dehors, ces mots sont écrits : *Atelier d'artiste ;* et quand vous les lisez, une voix mystérieuse se fait entendre : elle vous dit que dans ce modeste réduit habite l'Étude, qu'au seuil de cette porte où vous allez frapper, viennent expirer tous les bruits et toutes les niaises futilités du monde : que c'est le lieu des rêves dorés, des enthousiasmes, des extases, et qu'il ne faut pas le profaner, vous, riches et somptueux, parce que sa pauvreté apparente cache le génie et la grandeur.

Mais nous sommes au seizième siècle ; vous êtes un digne émule des Léon X et des Laurent de Médicis, vous vous intéressez aux œuvres d'art et vous donnez au *maître*, non-seulement votre or, mais, ce qui vaut mieux encore, votre estime, car on ne paie pas une production du génie. Entrez donc, soyez le bienvenu.

C'est un jeune sculpteur des temps modernes, ayant le poignard au côté, la longue chevelure, le maintien chevaleresque. Son ciseau taille dans le marbre un groupe auquel il va donner la vie ; il contemple avec amour cette création. La critique n'a point encore jeté sur son œuvre ses regards impitoyablement scrutateurs ; ses amis, ses protecteurs seuls l'ont vue et l'ont admirée par avance. Quel espoir ! — Oh ! que l'artiste est heureux dans ces moments-là !

Derrière lui, deux belles jeunes filles au sourire gracieux. Qui sait ? il y en a sans doute une qui l'aime et qui l'inspire. N'en est-il pas toujours ainsi? ne faut-il pas toujours un ange aux côtés de l'artiste: une mère, une sœur, une amie? Bien sûr, il a reproduit les traits de l'une d'elles, et celle-là est peut-être pour beaucoup dans l'accomplissement du chef-d'œuvre.

Les beaux-arts sont frères. Un concert s'est organisé dans l'atelier du sculpteur; il est d'autant plus agréable qu'il est impromptu. Je me doute bien du caractère de la musique qu'on y exécute, car ici on aime l'art pour l'art. — Écoutez, monseigneur. Avez-vous jamais entendu quelque chose de plus harmonieux et de plus pur dans vos éblouissantes galeries? cette musique vous a-t-elle fait autant d'impression? Comment ne serait-elle pas supérieure ici? l'âme de l'artiste est une commotion électrique qui communique aux idées et aux choses son *moi* inimitable.

J'ai décrit le délicieux petit tableau de M. Baron. Je ne pense pas qu'il soit inexact de dire que c'est une des plus parfaites miniatures à l'huile de l'exposition. Cela a l'aspect du fini sans en avoir les défauts; cela est gracieux de composition, de forme et de couleur. Nous pouvons en dire autant de la *Villa dans le pays Latin*, qui forme, avec l'*Atelier de sculpteur*, l'envoi de M. Baron. Ce jeune peintre est du nombre de ceux dont on voudrait voir plus d'ouvrages, et de plus importants; ce n'est pas le moindre éloge que l'on puisse lui faire par le temps qui court.

M. Henri Baron est né à Besançon en 1816. Il est élève de M. Gigoux.

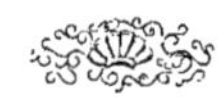

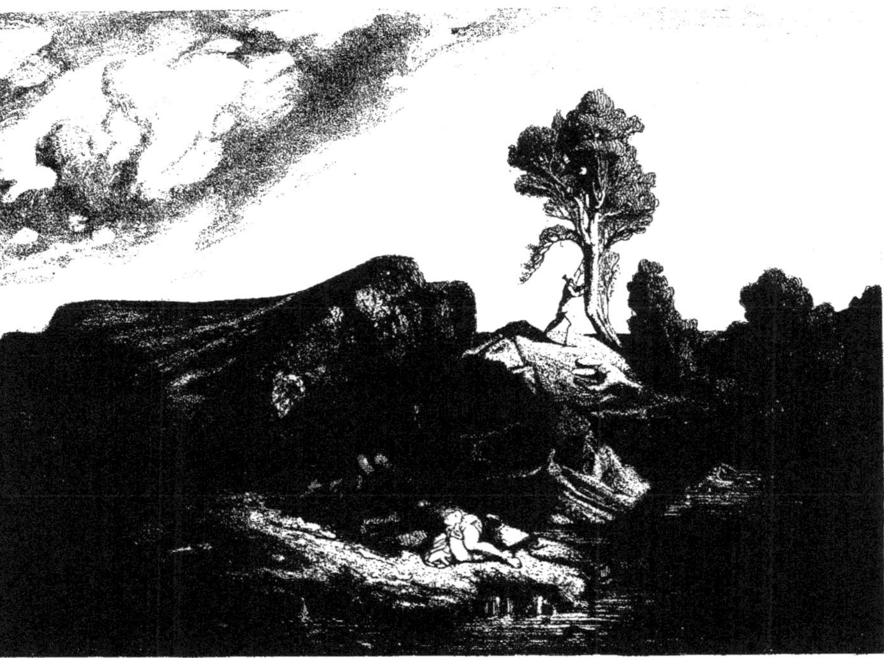

Criminels

condamnés à cueillir le poison de l'Upas,

TABLEAU PEINT PAR M. PHILIPPE JEANRON,

Gravé par M. A. Wacquez.

La vallée de Java—Guevo-Oupas en langue javanaise—a environ un mille de circonférence. Elle est entourée de coteaux escarpés où croît une superbe végétation; on dirait d'une ronce sanglante au cœur d'un parterre de fleurs. Lorsqu'on descend dans cette vallée empoisonnée, un air fétide étourdit et force à reculer. Les oiseaux meurent en la traversant; et, au rapport d'un voyageur, on y voit beaucoup de squelettes d'hommes, de tigres, de sangliers, de cerfs, dont les os à demi consumés, sont aussi blancs que l'ivoire.

Mais laissons parler ici le chirurgien hollandais Forsœck; c'est son récit qui a inspiré M. Jeanron.

« Le bohom-upas, entouré seulement de quelques arbres de son espèce, croît au milieu des rochers, dans une vallée profonde de l'île de Java. Il exhale de malignes vapeurs qui détruisent la végétation d'alentour. Les criminels condamnés à mort obtiennent la faveur de chercher leur salut en essayant de recueillir la gomme qui en découle. Munis d'une boîte d'écaille, de gants et d'un capuchon de peau, ils suivent un ruisseau qui les conduit à la vallée de la mort. Celui qui est assez heureux pour en revenir est reçu avec transport par les habitants de Java, qui trempent leurs flèches dans ce poison mortel. »

Nous savons que tout cela a été contesté; mais nous abandonnons l'authenticité scientifique pour n'examiner que la question d'art.

M. Jeanron a parfaitement senti quel devait être l'aspect de son paysage. D'abord, selon le climat, les terrains sont brûlants et desséchés, excepté à de rares intervalles. Ce ruisseau tiède coule sur un lit de cailloux et de racines pétrifiées. Comme ces arbres sont jaunes! à peine si leurs feuilles se sont développées. Le ciel est nuageux, triste, plein de vapeurs; en voyant là ces cadavres entassés, je me doute bien que c'est la nature qui les a assassinés, et qu'ils ont fait mille efforts pour triompher d'elle. L'ombre même de ces rochers est perfide. Mon Dieu! ce criminel qui s'approche de l'arbre pour y recueillir le poison, n'est-il pas déjà frappé de mort! A la vue de ses compagnons étendus par terre, comment a-t-il osé...? Et la liberté!

Il y a, dans le tableau de M. Jeanron, imagination et science, les deux conditions nécessaires d'une œuvre complète. De même que cette nature javanaise est exceptionnelle, de même il a cherché à donner au paysage un caractère particulier. La forme, le dessin, la couleur, nous y rencontrons tout réuni. En regardant son tableau, notre illusion a été telle que nous avons tremblé; et cependant nous ne pouvions en détacher nos yeux ni notre esprit. Dans le *Bohom-Upas*, on s'aperçoit que M. Jeanron n'est pas que paysagiste; les personnages y sont parfaitement dessinés.

M. Jeanron a exposé un autre paysage, les *Bords de la petite Briance*, dans la Haute-Vienne; c'est un petit point de vue lumineux et d'une fraîche végétation. Le portrait de M. *Aimé Martin*, du même peintre, est ressemblant d'abord, et de plus, vigoureux de couleur et de dessin.

Un mot maintenant de la gravure qui reproduit le tableau de *Bohom-Upas*. Autant l'œuvre était parfaite, autant elle était difficile à rendre exactement. M. Wacquez, qui a exposé lui-même cette année une belle Vierge, d'après un dessin de Raphaël, n'est pas resté ici au-dessous de son modèle.

M. Philippe-Auguste Jeanron est né, en 1810, à Boulogne-sur-Mer. Il est, avec M. Léopold Leclanché, traducteur et commentateur du *Vasari*. Il a visité l'Auvergne et tout le midi de la France.

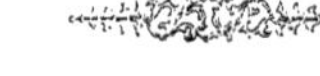

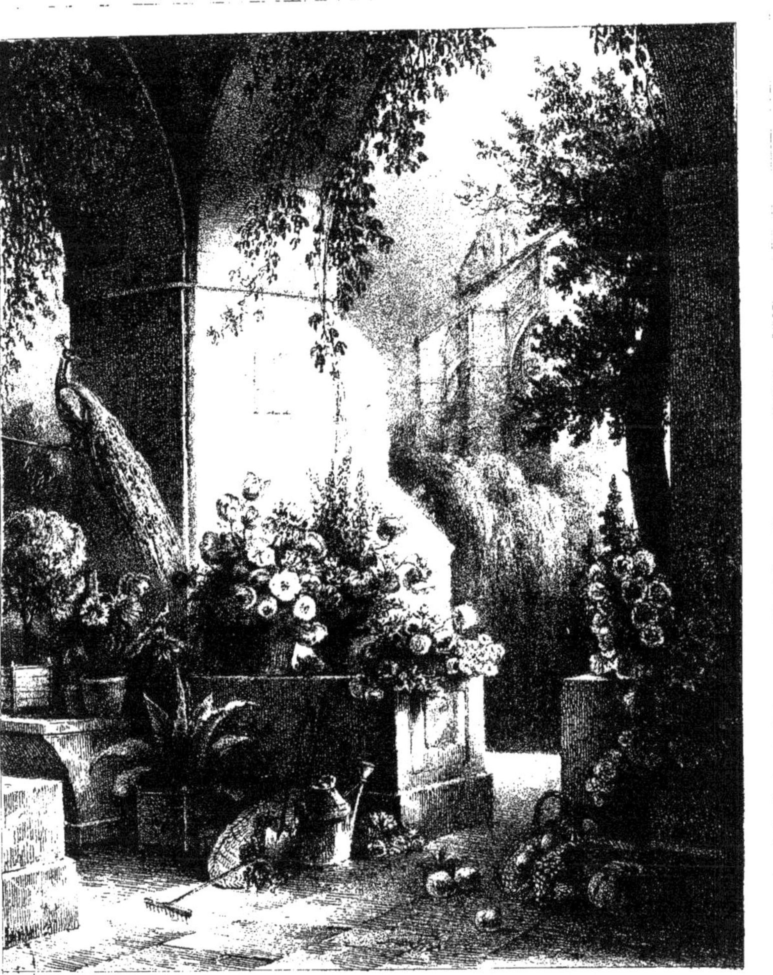

Champin (Lithographie)
(Aisne)

Ruines

DE L'ABBAYE DE LONGPONT

(AISNE),

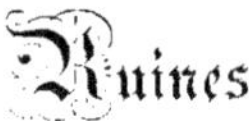

Lithographiée par lui-même.

—————

Qui peut rester insensible à la vue d'une fleur? — Ces couleurs éclatantes et variées, ces délicieux parfums nous captivent. La fleur, c'est le diamant de la végétation: la verdure nous calme et nous repose, la fleur nous sourit. Sans doute, il n'y a que le méchant qui n'aime pas les fleurs, parce qu'elles ont un langage innocent et pur, parce qu'elles portent aux douces rêveries. Mais le poëte entend et commente ce langage, et il n'est pas indifférent aux prairies, aux parterres, tous ces bosquets prodigués par la nature.

Nous savons bien que les fleurs d'un si ravissant aspect se refusent presque à être *pourtraictées* par le pinceau; les fleurs artificielles nous semblent souvent être autant de parodies. Mais aussi, dans notre France qui n'a pas de printemps, et dont l'été passe comme un rêve, il faut que nous puissions nous créer nous-mêmes une éternelle saison de fleurs. Voyez, le présent disparaît si vite, que nous avons tout de suite besoin de souvenirs !

Un tableau de fleurs qu'on regarde en hiver, c'est comme un coin d'azur illuminant le ciel pendant l'orage. Le tableau nous semble parfait, le ciel nous paraît aussi bleu que le saphir.

La vue de *l'Abbaye de Longpont* (département de l'Aisne), est une

innovation heureuse. Il y a à la fois paysage et étude de fleurs. C'est
un gracieux enclos où se trouvent réunis la lumière, les fleurs, les
fruits et les instruments du jardinage. Nous y apercevons l'antique abbaye de Longpont, dans la partie habitée aujourd'hui par M. de Mon-
tesquiou. Une riche nature est étalée sous ces voûtes ridées par le
temps; tout y est gracieux, jusqu'à ces saules qui courbent tristement
leur tête inclinée vers la terre, jusqu'à ces tiges rampantes qui s'atta-
chent à la pierre pour lui donner la vie.

M. et Mme Champin ont tous deux un joli talent. Il n'est pas que nous
nous rappelons plusieurs magnifiques bouquets de fleurs dessinés par
Mme Champin. Quant à M. Champin, c'est à lui que nous devons les
aquarelles les plus importantes qui aient jamais été faites. Il s'est placé
depuis longtemps au nombre de nos plus habiles lithographes, et travaille ardemment à perfectionner cet art qui ne manque pas d'avenir.

M. Champin a publié deux ouvrages fort remarquables, et que nous
croyons devoir signaler dans cette notice. Nous voulons parler de *Paris
historique*, dont le texte est sorti de la plume élégante et spirituelle de
M. Charles Nodier, et surtout de la *Grande Chartreuse*, série de vues
admirablement exécutées et d'une exactitude parfaite.

L'aquarelle originale de la lithographie que nous donnons ici appartient à M. Rhoné, grand amateur, et l'un des Mécènes qui se plaisent
à encourager activement les beaux-arts.

M. Jean-Jacques Champin est né à Sceaux en 1796. Il est élève de M. Storelli, et a
exposé pour la première fois en 1819. Il a obtenu la médaille de première classe en 1831.
Il a longtemps voyagé en France, en Suisse, en Piémont, et possède une collection nombreuse de sites d'après nature.

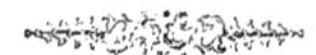

Vue du Lac de Némi et du Village de Genzano.
(Environs de Rome)

Appartenant à S. A. R. Mgr le Duc d'Orléans.

Vue du lac de Némi

ET

DU VILLAGE DE GENZANO

ENVIRONS DE ROME,

TABLEAU PEINT PAR M. LOUIS CABAT.

Lithographié par M. Français

Près d'Albano, l'antique villa des Césars, au bas d'une colline boisée,
se trouve le lac de Némi. C'est une magnifique nappe d'eau profonde,
limpide et transparente, et qui, vue d'un certain côté, reflète mer-
veilleusement le joli village de Genzano. Aussi, parmi les nombreux
souvenirs qui s'y rattachent, il ne faut pas oublier la dénomination
pittoresque qui lui était donnée par les anciens. Ils appelaient le lac
de Némi *Speculum Dianæ*, miroir de Diane. La belle déesse des forêts
avait un temple aux environs; et sans doute, dans ses courses rapides,
il lui arrivait de se regarder dans le lac, elle, à la fois mortelle et
déesse, et qui, la nuit, abandonnait le ciel pour s'enivrer de l'amour
du berger Endymion.

Aujourd'hui les fables ont disparu. Sur les ruines du temple de
Diane s'est élevée la petite ville de Némi; il ne reste des temps mytho-
logiques que la fontaine d'Égérie; mais le lac a conservé sa transpa-
rence, les bois leur fraîcheur, la colline son aspect pittoresque.

Quelques barques sillonnent le lac d'une rive à l'autre, et de distance
en distance un arbre majestueux trempe ses branches dans l'eau.

M. Cabat est, comme on sait, un paysagiste au style sévère; tout est sujet pour lui. Qu'un chêne soit à demi consumé et renversé par l'orage; qu'il se présente à lui un coin de forêt bien sombre, bien touffu; qu'il soit arrêté dans sa route par un marais couvert de roseaux et de nénufars, vite il saisit ses pinceaux, et se met à l'œuvre. Il est de ceux qui pensent que tout est beau dans la nature, l'ouvrage infini de Dieu.

Il n'y a rien que de très-naturel dans le *paysage composé*. Le peintre a vu ces terrains, ces massifs d'arbres, ces eaux tremblotantes, ces fuyants immenses qu'il réunit dans un seul tableau. Il ressemble au poëte qui multiplie avec art les situations et les caractères dramatiques. Pourvu que tous les éléments de l'œuvre soient vrais et bien disposés, nous ne voulons rien autre chose. Voyez les grandes toiles de Paul Véronèse, les paysages du Poussin, les poëmes d'Homère ou de Milton, et dites que l'art n'est pas parfois une convention!

Le *Lac de Némi* est un des plus magnifiques paysages du Salon. M. Cabat a exposé aussi *le jeune Tobie*, appartenant à M. le duc d'Orléans, *le Samaritain*, et un *Intérieur de forêt*, tableaux tous fort remarquables.

M. Cabat peint avec la conscience de son talent; son coloris, qui paraît sombre au premier coup d'œil, prend de l'éclat et de la vérité après un plus sérieux examen; ses compositions ont de l'ampleur; pourtant, il faut le dire, les tableaux de M. Cabat nous semblent, cette année, moins colorés que par le passé. Le tableau du *jeune Tobie* est surtout admirable de lumière.

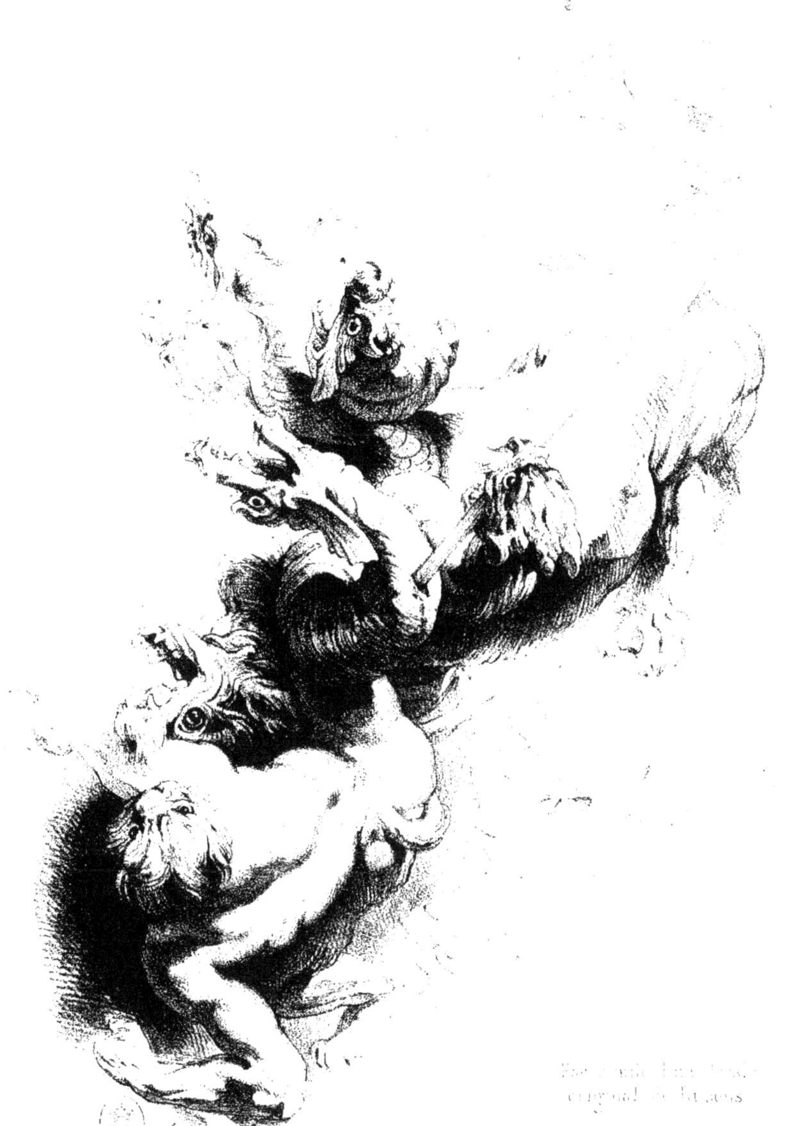

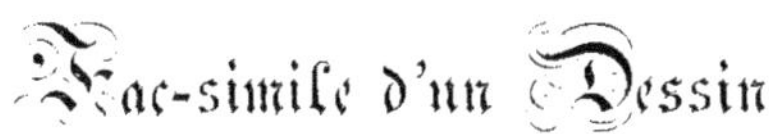

Fac-similé d'un Dessin

DE

PIERRE-PAUL RUBENS,

Par M. Leon Noël (Lithographie.)

Pierre-Paul Rubens naquit à Anvers, le 28 juin 1577. Il fut un des plus grands peintres qui aient jamais existé. Son éducation avait été soignée, et il devint bientôt le meilleur élève d'Octavio Van-Veen. Il voulut compléter ses études par les maîtres italiens. Il visita donc et habita longtemps l'Italie. Rome, Venise. Gênes et Mantoue exaltèrent son talent; mais c'est à Venise qu'il adopta définitivement la manière du Titien, de Paul Véronèse et du Tintoret. Lorsqu'il quitta cette ville, le bruit de son départ eut beaucoup de retentissement. — Le grand artiste allait prodiguer ailleurs les trésors de son génie, et Venise, l'envieuse Venise qui l'avait, il est vrai, formé, espérait le conserver toujours. Rubens voulait revoir sa patrie, que l'amour même de l'art ne pouvait lui faire oublier.

Rubens était plus qu'un peintre : il était excellent architecte; il parlait sept langues différentes; il était homme politique; enfin il composa plusieurs ouvrages théoriques sur la peinture.

Marie de Médicis se l'attacha, et c'est à elle que nous devons la plupart des tableaux de Rubens qui ornent aujourd'hui le musée du Louvre. Elle le chargea de plusieurs missions importantes.

L'âge arrivant, Rubens retourna à Anvers. Il désirait y mourir; il y mourut le 30 mai 1640, laissant une immense fortune. Son fils aîné lui succéda comme secrétaire d'État en Flandre. — Van-Dick fut au nombre de ses élèves.

Les cartons de Pierre-Paul Rubens sont nombreux. M. Léon Noël en a extrait et lithographié le dessin qui fait partie de cette livraison.

C'est ici, à propos de M. Léon Noël, un des plus dignes représentants de la lithographie à notre époque, que nous pouvons assigner la véritable place de la lithographie dans les arts du dessin.

La lithographie, c'est le dessin que l'on est parvenu à multiplier à l'infini, en autant d'épreuves qu'il est possible. Aucun travail artificiel ni mécanique ; vous y reconnaissez toujours la trace du crayon. Il s'agit à la fois d'un original et d'une copie ; l'original consiste dans le dessin sur pierre, les copies sont les épreuves.

Selon nous, la lithographie a moins de fini que la gravure, mais sous le rapport de la vérité, elle ne lui est point inférieure. Si elle a moins de netteté qu'elle, en revanche elle se rapproche plus de la nature. Le crayon n'a point la dureté ni la roideur du burin. Il suffit de nommer, à l'appui de notre opinion, MM. Léon Noël, Alophe, de Lemud, Aubry-Lecomte, Marin Lavigne, Deroy, Desmaisons, Mouilleron, Challamel, etc., etc., etc.

M. Léon Noël a acquis une réputation justement méritée. Habileté, vigueur de touche, fraîcheur de crayon, fini précieux d'exécution, il a toutes les qualités qui font le bon lithographe.

Le présent dessin de Rubens est une fantaisie. C'est un véritable groupe de sculpture, il s'y trouve du relief ; il semble que ce soit là un épisode du *Jugement dernier*, de Michel-Ange.

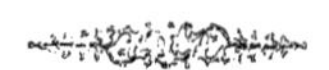

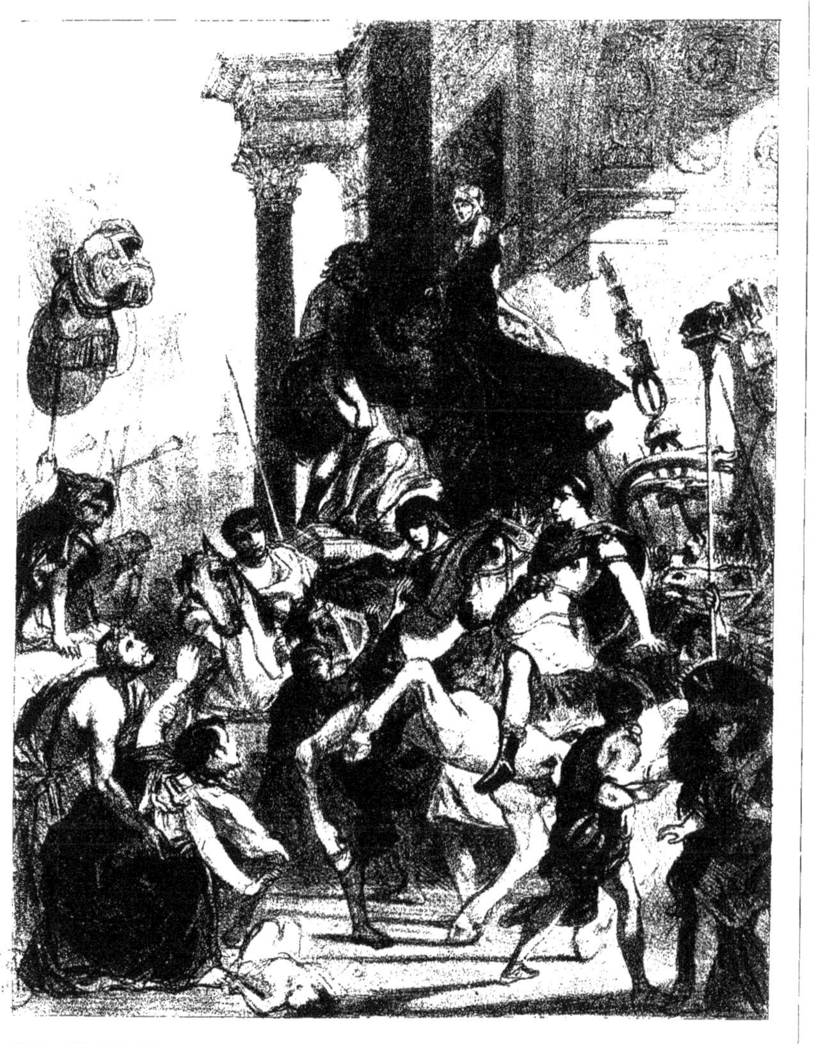

E. Delacroix

Justice de Trajan

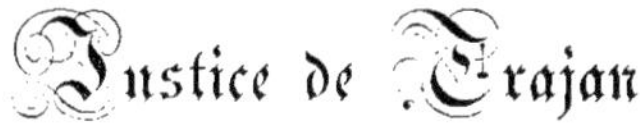

Lithographié par M. Challamel.

Le texte qui inspire un tableau est comme le fait que raconte l'historien; il faut donc bien s'en pénétrer avant d'apprécier une œuvre quelconque. Sinon, il se peut qu'on tombe dans de graves erreurs, et qu'on se place à un faux point de vue.

Presque tous les critiques qui se sont occupés de M. Eugène Delacroix ont manqué de tact sous ce rapport. Et parce que M. Eugène Delacroix s'imprégnait complétement de son sujet, ils ne l'ont pas toujours compris.

Cela a eu lieu pour la *Justice de Trajan*.

Nous rapportons le passage du Dante, qui est l'explication la plus positive du tableau de M. Eugène Delacroix. Il est extrait d'une magnifique traduction de M. Antoni Deschamps.

. . . .
Une veuve était là, de douleur insensée,
S'efforçant d'arrêter sa marche commencée :
Autour de l'empereur s'agitaient les drapeaux,
Et la terre tremblait sous les pieds des chevaux.
Au milieu de ce bruit la veuve semblait dire :
« César, viens au secours de mon cruel martyre ;
» Venge, venge mon fils qu'ils ont assassiné. »
Et lui, semblait répondre et comme importuné :
« Attends que je revienne! » Et du fond de son âme :
« Si tu ne reviens pas! » s'écriait cette femme.
Trajan disait alors : « Celui qui régnera
» Après moi dans l'empire, un jour te vengera. »

<blockquote>
Et la veuve : « Pourquoi la justice d'un autre,
» Maître, lorsqu'à genoux je demande la vôtre… ? »
Et l'empereur enfin disait : « Console-toi,
» Il faut que j'obéisse à cette sainte loi ;
» Je ferai mon devoir avant que je ne sorte,
» La justice le veut et la pitié l'emporte. »
</blockquote>

Ayant sous les yeux ces vers, qu'on pourrait appeler des pièces de conviction, nous jugerons mieux le mérite réel de la *Justice de Trajan.*

Ce cortége, qui est en marche, se trouve arrêté par les cris de cette femme *de douleur insensée*, et qui demande justice. Il y a tant de tumulte, selon le poëte italien, tant de drapeaux, tant de trophées, tant de soldats, que la *terre tremble*, et que cette procession triomphale a l'air d'une bataille. Le peuple est foulé aux pieds des chevaux ; l'escorte de Trajan est devenue confuse ; son cheval effrayé se cabre devant cette mère, qui crie à César de venger son fils assassiné.

Le mouvement était la première chose que l'on dût rencontrer dans cette immense toile. C'est aussi le mouvement qui est, avec la couleur, le plus beau côté du talent de M. Eugène Delacroix.

Tous les personnages du tableau agissent. Cette foule trépigne : l'ordre du cortége vient d'être dérangé.

De graves imperfections se mêlent à des beautés du premier ordre dans les tableaux de M. Eugène Delacroix ; mais M. Eugène Delacroix est un peintre de génie ; personne ne possède à un plus haut degré que lui la vérité d'exécution, le sentiment de la forme, et l'éclat du coloris.

M. Eugène Delacroix est né à Charenton-Saint-Maurice, près Paris, le 26 avril 1798. Il n'étudia la peinture que fort tard, après avoir fait entièrement et d'une manière brillante ses études classiques. Il est élève de M. Guérin. Il commença à exposer en 1822. Il a été nommé membre de la Légion d'honneur, et s'est présenté comme candidat au fauteuil de l'Institut.

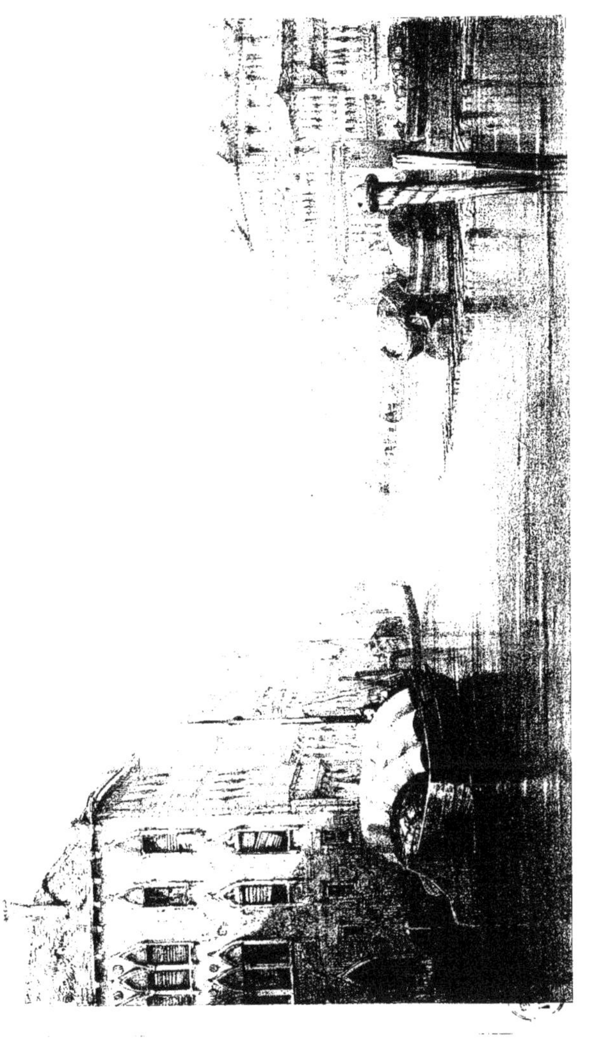

Vue prise sur le grand canal à Venise

Moi, décrire Venise! lorsqu'il existe déjà tant de descriptions faites
par des témoins oculaires ou à l'aide de Balbi! non, je n'ai qu'à choisir
entre Mme de Staël et G. Sand, qui ont rivalisé, celle-là avec sa froide
philosophie, celle-ci avec sa poétique imagination. Ou bien, j'aurai
recours à lord Byron, ou à M. Casimir Delavigne, ou bien encore à
M. Jules Janin. Quel embarras, mon Dieu! et pourtant, je veux être
consciencieux; et, comme je n'ai pas vu Venise, je ne me hasarderai
pas à la dépeindre effrontément.

Comme l'indigne frelon, je butinerai de fleurs en fleurs, savourant
les parfums les plus doux, les sucs les plus savoureux, et j'aurai, de la
sorte, bientôt donné une idée de cette Venise que M. Wyld a visitée,
et qu'il a fort exactement rendue dans son dernier tableau.

Venise, avec M. Barthélemy, de 1832.

> . . . . Pareille à la Vénus antique,
> Sa chevelure au vent, sort de l'Adriatique.

Cette belle cité a encore son poétique aspect, si nous en croyons l'in-
fortuné Léopold Robert, dont nous avons tant déploré la perte. Et
M. Antoni Deschamps, ce vigoureux poëte qui nous a souvent redit
son amour insensé pour l'Italie, voit toujours, à travers ses souvenirs,

> Les dames de Venise en gondole le soir.

Ainsi, loin de nous, hommes prosaïques qui redoutez l'enthousiasme
pour le beau, obstinés sceptiques qui nous exaltez le passé aux dépens

du présent, ou qui ne croyez ni à l'un ni à l'autre; suspecterez-vous
M. Casimir Delavigne, qui fait dire à Fernando :

Est-ce que le climat est changé? les canaux qui sillonnent la ville
ont-ils été comblés? le soleil de l'Italie n'est-il plus le même? ne croyez-
vous plus aux flots bleus et transparents de l'Adriatique? du haut du
clocher de Saint-Marc ne découvre-t-on plus, comme au temps de
Mme de Staël, toute la ville au milieu des eaux, *et la digue immense qui
la défend de la mer?* n'aperçoit-on plus *dans le lointain les côtes de l'Is-
trie et de la Dalmatie?*

Et d'ailleurs, Venise ne fût-elle plus que par sa grandeur passée,
ne trouvât-on que des ruines aux lieux où s'élevaient des temples ou
des palais, l'artiste et le poëte ne resteraient pas indifférents à tout cela,
eux qui voient et par les yeux du corps et par ceux de la pensée. L'artiste reproduira avec amour ces arcades en ruines, ces colonnes dis-
persées; le poëte réédifiera la Venise du dix-septième siècle, et chacun
d'eux, peut-être, y trouvera son compte.

Voilà ce qui explique les nombreuses vues et descriptions de Venise,
qui est devenue un lieu de pèlerinage pour l'artiste et le poëte. Toutes
les fois que l'œuvre sera exacte et consciencieuse, nous l'admirerons.
La *Vue de Venise*, dessinée par M. Wyld, méritait, à ce double titre,
de figurer dans cet album. La lithographie, exécutée par le peintre
lui-même, est la fidèle reproduction du tableau.

Nous avons vu, dans l'atelier de M. Wyld, un beau tableau représentant les *Juifs d'Alger partant pour la Terre Sainte.*

M. William Wyld est né à Londres en 1806. Il n'a étudié sous aucun maître, et n'a
commencé à faire de la peinture qu'en 1834; il s'occupait avant de politique. Il a obtenu une médaille d'or en 1839.

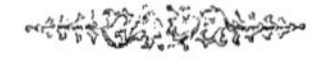

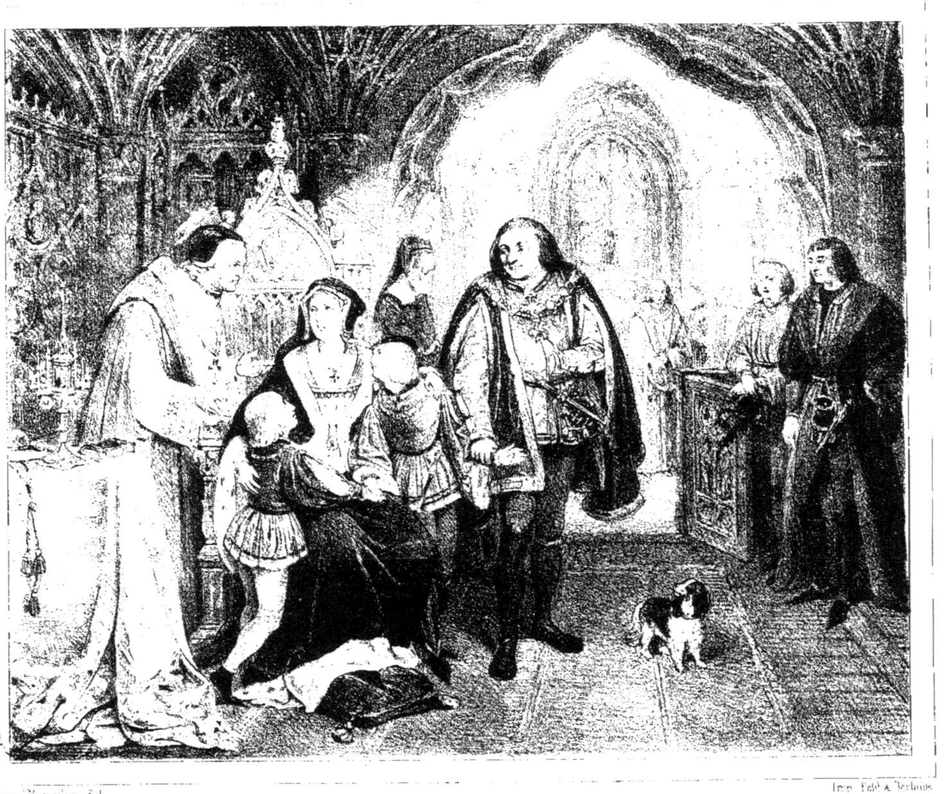

Oscar Vaucliers del.

Imp. Edet A. Bertauts.

Le Duc de Glocester et les Enfans d'Edouard.

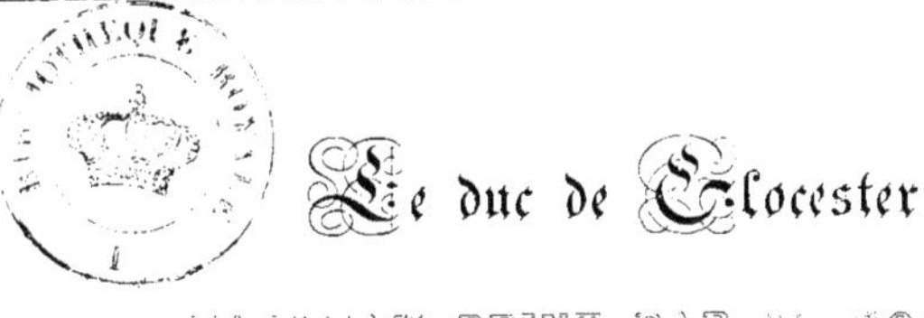

Le duc de Glocester

Lithographié par M. Oscar Morvilliers.

Buckingham, qui était l'ami du duc de Glocester, avait essayé de le faire nommer roi par le peuple rassemblé. L'essai ne réussit pas; mais on détourna le sens des manifestations populaires, et il se trouva bientôt que Glocester dut obéir au prescrit qui ne lui était pas imposé, et qu'il lui fallut ceindre malgré lui la couronne.

Le duc de Glocester changea son nom en celui de Richard III, le 26 juin 1483. — Personne n'osa prendre en main la cause du légitime roi Édward V.

Toutefois, les deux neveux de Richard III pouvaient lui devenir hostiles à mesure que leur âge et leur raison se développeraient.

L'usurpateur devint assassin. Dépouiller un homme conduit logiquement à le tuer.

Vainement Buckingham, cédant à ses remords, se fit le chef d'un complot au profit du jeune Édward. Les deux princes avaient été transférés du palais de l'Archevêché à la Tour de Londres. Robert Brackenbury, le gouverneur, fut chargé de hâter leur mort. Il refusa. Mais Jacques Tyrrel, maître de ses écuries, le remplaça pour vingt-quatre heures; et les deux fils du roi Edward V. furent étouffés, de nuit, par Slater, Dighton et Forrest, scélérats aux gages de Tyrrel.

Le sujet du tableau est le départ des deux enfants pour la Tour de Londres. Élisabeth, veuve du feu roi, veut les retenir auprès d'elle; elle tremble sur le sort de ses fils. De sinistres pressentiments torturent son cœur de mère. Les laissera-t-elle s'éloigner avec le protecteur? sur quoi motivera-t-elle son refus? Et d'ailleurs, le bon cardinal Bourchier, si vénérable et si dévoué, parvient à la rassurer. Elle les confie, elle les livre à Glocester, après leur avoir donné le baiser d'adieu.

Cette scène est lugubre en face du dénouement qui la termine. On sait que les craintes d'Élisabeth sont fondées, et que ces larmes anticipées, qui inondent ses paupières royales, vont bientôt couler plus abondamment encore. Maudite soit sa faiblesse de femme! Et cet ami au cœur pur qui la conseille, pourquoi faut-il qu'il ne sache pas prévoir la catastrophe horrible qui s'apprête! La vertu est ainsi faite, elle se refuse à croire au crime.

Nous répéterons, pour le tableau de M. Gosse, ce que nous avons dit à propos du *Dernier souper de Marie Stuart*, par M. Serrur. C'est un grand sujet d'histoire traité avec les proportions du genre.

Peut-être est-ce un tort ici, toutes les physionomies devant exprimer un caractère différent. Ces petits personnages ressemblent un peu à des acteurs du théâtre enfantin qui joueraient des drames de M. Victor Hugo. Le moyen que ces enfants, ignorants de toutes choses, nous puissent traduire exactement tous les effets du crime ou des passions! le moyen que toutes ces petites têtes d'un pouce nous représentent exactement, dans un tableau, l'une des craintes maternelles, l'autre l'ambition, celle-ci la bonté du prêtre, celle-là l'étonnement! C'est un défaut d'exécution matérielle.

Quant à la composition du tableau en elle-même, elle est bien ordonnée. On reconnaît la manière habituelle de M. Gosse, qui a fait ses preuves depuis longtemps.

M. Gosse est depuis longtemps membre de la Légion d'honneur.

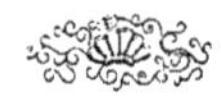

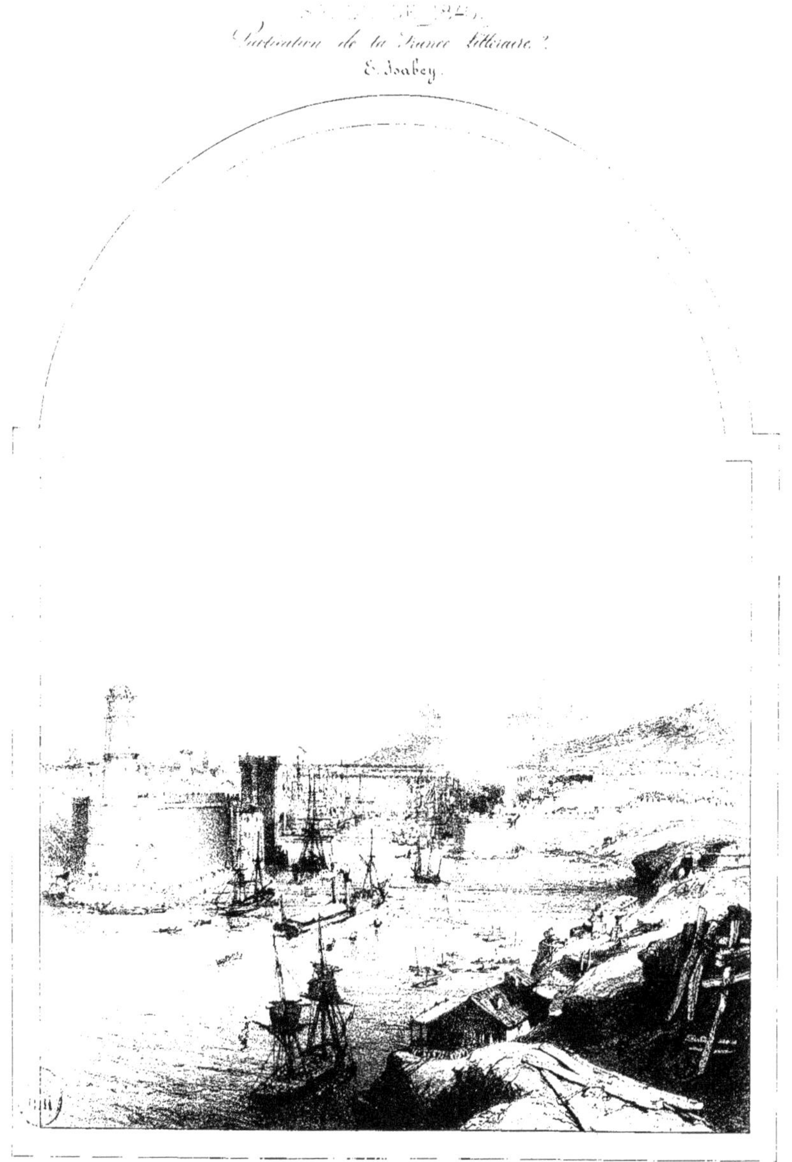

Le Port de Marseille

Une

DU PORT DE MARSEILLE,

TABLEAU PEINT PAR M. EUG. ISABEY,

Lithographié par M. Eugène Cicéri.

Vous avez vu Bordeaux, Brest, le Hâvre, mais peut-être n'êtes-vous point encore allé à Marseille, cette belle ville qui domine la Méditerranée, et qu'on peut appeler la Gênes moderne. Ah! descendez bien vite le Rhône, laissant Avignon sur votre passage, et visitez Marseille.

Marseille est située entre le pied d'une chaîne circulaire de montagnes et la mer. Il y a la haute et la basse ville, la ville nouvelle et la ville antique, deux images de civilisation ancienne et moderne. Le port est vaste, d'un accès difficile, mais d'un refuge assuré contre la tempête, comme ces bois sombres et discrets défendus par des buissons d'épines. L'entrée en est gardée par le fort Saint-Nicolas et par la tour Saint-Jean. Et puis il y a le beau château d'If, bâti par François Ier, les îles de Pornègue et de Ratoneau, jointes ensemble par une immense digue.

Marseille est un vaste bazar. S'il vous arrive de sortir le soir pour aller à la promenade, et de longer les quais qui avoisinent le port, vos yeux et vos oreilles sont émerveillés. Les costumes maures, grecs, égyptiens, algériens, etc., se croisent et se succèdent. Ici on parle anglais, ici espagnol, là maltais, plus loin arabe. On s'entretient des dé-

parts et des retours; on s'informe du commerce fait aux Échelles du
Levant; on s'apprend ce qui se passe aux quatre coins de l'Europe. Il
y a tel moment à Marseille où l'on se croirait partout ailleurs que dans
une ville de France.

Les rues sont remplies de marchands et d'étrangers. Les théâtres
sont fréquentés, particulièrement ceux de musique : le goût musical
est fort répandu à Marseille. On comprend que l'Italie n'est pas loin.
La ville a l'éclat, l'aspect méridional, et cependant elle est plus active
que les autres villes du midi. Le commerce, les sciences, les arts y
occupent une place honorable.

Une des gloires de Marseille, c'est le grand nombre d'hommes il-
lustres qu'elle a produits. La poésie, l'histoire, la peinture, la musique,
la guerre, la politique, lui sont redevables de représentants célèbres;
et, pour ne pas remonter trop haut dans la nomenclature que nous
voulons en donner, nous citerons : le généalogiste d'Hozier; Pierre
Puget, peintre, sculpteur et architecte; de Bastide, Gravier, Barthélemy, Méry, E. Guinot, et tant d'autres poëtes et écrivains; le giron-
din Barbaroux, et Gardane, fameux général de l'empire.

Le tableau de M. E. Isabey représente l'entrée du port de Marseille.
Il y a du mouvement partout; c'est bien là l'activité d'un port. Nous y
voyons les flots bleus de la Méditerranée, cette mer toute de reflets et
de mirages, si différente de l'Océan jaune et orageux. Ce tableau a de
l'aspect et de l'éclat; il est resplendissant de lumière et fort ressemblant
dans les moindres détails, si l'on peut dire ainsi. On sent que tout cela
est fait avec étude, mais aussi avec facilité. C'est de la grande et belle
peinture de marine.

La *Vue du Port de Marseille* est le seul tableau exposé par M. E. Isabey. Il a été commandé par M. le ministre de l'intérieur; il est destiné
à orner un de nos musées nationaux.

Cette toile augmentera encore la réputation de M. E. Isabey.

M. Eugène Isabey est né à Paris le 22 juillet 1804. Il est élève de son père. Il a obtenu la médaille d'or en 1831, et a été nommé membre de la Légion d'honneur en 1832.

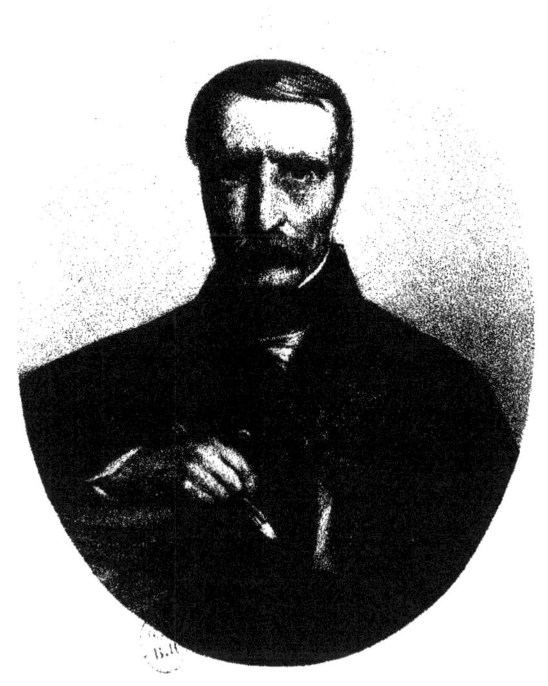

DE M. DECAMPS,

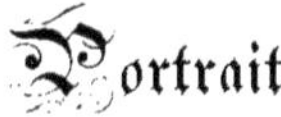

Gravé par M. A. Wacquez

Il suffirait peut-être de rappeler ici, en forme de catalogue, tous les tableaux, toutes les aquarelles composées par M. Decamps, depuis son début dans la peinture. On verrait que son talent s'est élevé bien vite, et s'est toujours soutenu à une grande hauteur; que son pinceau est varié, fécond, spirituel, parfois profond et philosophique; qu'il a abordé tous les genres, en leur imprimant son cachet individuel. Mais il vaut mieux, nous le croyons, apprécier succinctement l'auteur de la *Bataille des Cimbres*, ses ouvrages n'ayant pas besoin d'être rappelés.

M. Decamps est né en 1803. Il commença à étudier la peinture chez M. Abel de Pujol, un des soutiens les plus fervents de l'école *davidienne*.

A peine M. Decamps eut appris ce que nous appellerons le matériel de l'art, que l'originalité de son talent se développa. Il comprit, tout d'abord, que le soleil donnait la vie à la nature, et qu'il fallait de la lumière et du soleil dans un tableau. Il se pénétra de cette idée que rien n'est réellement indigne du peintre, et que le génie, d'ailleurs, peut rehausser les choses en apparence les plus triviales; qu'il n'y a rien d'affreux ni d'inutile en soi dans la création, et que c'est un blasphème de prétendre le contraire.

Sorti de l'atelier de M. Abel de Pujol, M. Decamps commença en 1827 à envoyer ses ouvrages aux expositions du Louvre. On se rappelle l'immense succès de son tableau de la *Bataille des Cimbres*, véritable chef-d'œuvre de composition, de mouvement, de détails et de couleur; on se rappelle aussi le *Corps de garde sur la route de Smyrne à Magnésie*.

M. Decamps est un de nos plus grands peintres: c'est une gloire de notre *école française* moderne, la seule qui se préoccupe encore de chercher les voies inconnues de l'art, la seule qui veuille tendre au progrès. Nul n'approche plus que lui de la vérité, nul ne sait plus que lui parvenir à une exécution heureuse.

Le *Salon* de 1839 a été un triomphe pour M. Decamps. On allait de tableaux en tableaux. Ici, c'était le *Samson*; là, *le Supplice des crochets*; plus loin, *Joseph vendu par ses frères*; enfin, les *Enfants jouant avec une tortue*, *Bairactar* et les *Experts*. C'était presque un musée à part dans le musée général. Il est certain que je me serais contenté de ces incroyables *Experts* pour unique tableau de ma galerie.

M. Decamps nous a manqué cette année. Combien nous regrettons de n'avoir pas rencontré l'occasion d'enrichir, par une de ses toiles, notre publication.

Le portrait que nous donnons est le premier qui ait été fait du célèbre peintre. M. Jules Etex, portraitiste tout à fait distingué, a seul pu obtenir quelques séances de son ami, et nous nous estimons heureux de pouvoir payer, nous aussi, à M. Decamps, notre dette de sympathie et d'admiration.

On retrouve dans ce portrait l'expression de la physionomie et la vivacité du regard qui distinguent l'homme de science et d'esprit.

Publication de la France littéraire
J. Varnier

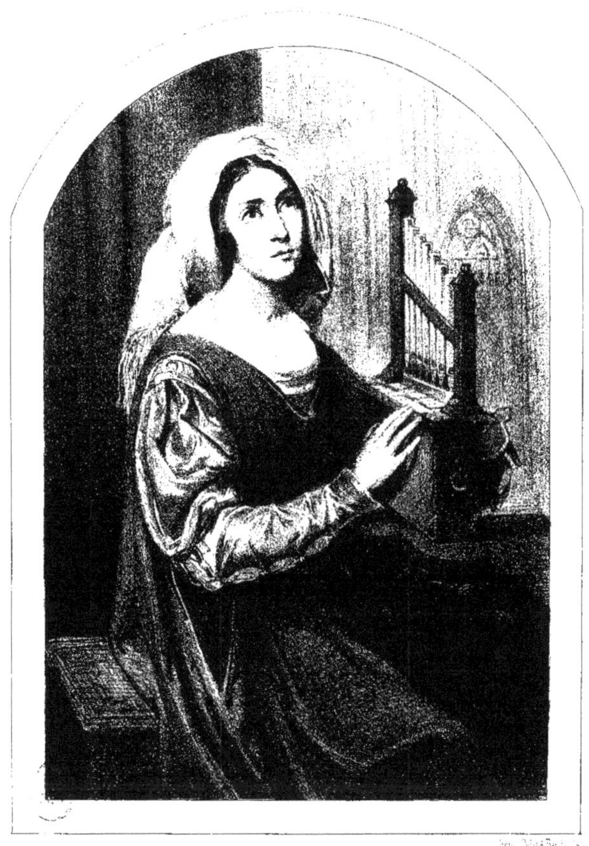

St. Cécile

Sainte Cécile

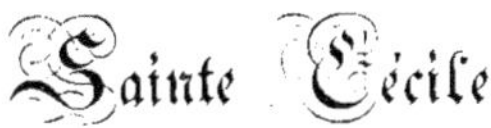

TABLEAU PEINT PAR M. JULES VARNIER,

Lithographié par M. Mouilleron.

Sainte Cécile, encore sainte Cécile, toujours sainte Cécile. C'est abuser un peu d'une sainte, en vérité. Toutes ces saintes Cécile sont tendres et belles; elles sont de plus catholiques, apostoliques et romaines; surtout celle de M. Jules Varnier; mais, à la fin de tout, ce ne sont que des saintes Cécile. Pourquoi pas sainte Thérèse dans l'extase de la Thébaïde? ou bien sainte Théodule dans le doux parfum de son innocence? M. Jules Varnier n'en était pas d'ailleurs à sa première sainte : à ses débuts, il y a trois ans, le *martyre de Sainte Catherine* a révélé diverses faces de son talent; déjà l'étude sévère de la forme et de la couleur annonçait un vrai peintre de plus. Depuis, le peintre s'est élevé à la poésie : il a compris qu'au delà de l'horizon des yeux il y a un autre monde encore : il a compris que tout en copiant la nature humaine il ne fallait pas oublier l'âme qui anime tout, l'âme qui se cache quelquefois, mais qu'il faut toujours découvrir.

L'âme de sa Sainte Cécile n'éclaire peut-être pas assez la figure : ce n'est pas là cet éclair céleste, cette sécurité divine des vieux maîtres d'outre-Rhin. Mais tout en regardant le ciel, où elle croit entendre les harpes des archanges, sainte Cécile touchait à la terre, et j'aime le peintre qui, comme M. Varnier, rappelle le ciel et la terre tout à la fois. Cela est d'un bon peintre; et les uns sont plus rares que les autres.

En voyant sa Sainte Cécile, on se demande s'il faut l'aimer ou l'adorer. Pourquoi ne pas l'adorer? C'est bien là la vierge de nos chastes rêveries; voyez si ce regard ne s'élève pas jusqu'à Dieu; ne voyez-vous pas son âme qui s'envole sur les ailes de l'extase ou de la prière? Oui; mais pourtant pourquoi ne pas l'aimer? N'est-elle pas faite comme les autres femmes (les belles femmes bien entendu)? Ces yeux qui s'élèvent au ciel n'ont-ils pas trop parlé sur la terre? ne poursuivent-ils pas un de ces rêves qui commencent ici-bas et qui finissent là-haut? Et puis, cette main est si jolie que nos lèvres s'agitent malgré nous. Et puis, est-ce donc pour le vent de la mort, ces roses qui vont fleurir sur les joues?

Enfin, cette sainte Cécile n'a pas trop l'air de faire son chemin dans le ciel; c'est une vraie fille d'Ève; le serpent est là, on ne sait encore où, mais il est là. En attendant, comme c'est une belle fille à laquelle il ne manque rien, elle fait son chemin dans le monde à la louange de M. Varnier.

M. Jules Varnier a exposé aussi cette année le *Saint-Sépulcre*, tableau plein de qualités du premier ordre, et un portrait du général Championnet, qu'il a fait pour le ministère de l'intérieur. Ce portrait a, avant tout, le mérite d'être fidèle; ce qui n'empêche pas que ce soit un beau portrait.

M. Jules Varnier est né à Valence (Drôme) en 1815. Il est élève de M. Picot.

Vase Funéraire

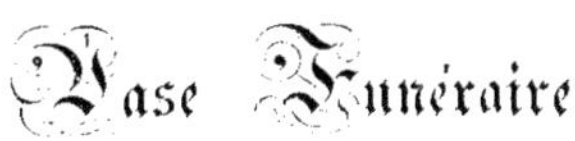

(MARBRE)

Lithographié par M. Challamel.

———⋅⋅•⋅›〈⋅⋅⋅⋅———

Purifier par le feu le corps qui n'est plus qu'un cadavre ; réunir pieusement ces cendres ; les renfermer dans une urne précieuse ; conserver dans quelque coin de la maison du vivant les derniers restes de celui qui a vécu, souvenir incessant qui rappelle, au milieu des joies et des orages du monde, le néant et le repos de la tombe, — c'était une admirable coutume, vénérée chez les anciens, inconnue des modernes. C'était du stoïcisme contre la mort. On oubliait moins vite ceux qui n'étaient plus ; et lorsque l'enfant voulait s'inspirer des grandes actions de son père, il allait contempler l'urne cinéraire qui renfermait les débris du héros. A toute heure, la veuve pouvait pleurer sur le tombeau de son époux, la mère sur celui de son fils, mort avant l'âge.

Le vase était ordinairement de marbre, d'agate ou de terre cuite. Le plus souvent on n'y plaçait aucun ornement : la mémoire du défunt parlait seule. Dans le cas contraire, on retraçait allégoriquement les principales actions de sa vie ; on indiquait le lieu de sa naissance et celui de sa mort, le commencement et la fin du voyage. On annonçait que Pluton avait trouvé cette âme trop belle ou trop innocente pour la jeter dans le sombre royaume. Puis les Grecs disaient, Ἀνάγκη, les Romains, *Fatum*, et les chrétiens, *Providence*.

Le christianisme ayant succédé au monde païen, deux choses con-

tribuèrent, entre beaucoup d'autres, à proscrire l'usage de brûler les
morts : il tenait entièrement au paganisme, et peu à peu s'était établi
l'usage d'enterrer. Il y avait bien encore à Rome quelque antique fa-
mille patricienne, en Grèce quelque peuplade qui, fidèles au culte de
leurs pères, s'étaient élevés contre les nouvelles croyances et les mœurs
nouvelles; mais elles disparurent bientôt, et le vase funéraire fit place
au sarcophage.

Chez nous cet usage n'existe pas, nous avons trop grande hâte d'oublier nos morts. Nous les avons enfouis dans les églises, dans les cata-
combes, dans les cimetières. Nous avons même, par force, placé hors
des villes les lieux de sépulture.

Le vase de M. Pradier est destiné à renfermer quelques objets précieux qui ont appartenu à un jeune médecin. Ce sont des souvenirs,
ce ne sont point des images de la mort.

Nous n'avons pas bien saisi la pensée de M. Pradier, lorsqu'il a ac-
couplé le symbole chrétien et le symbole païen. Mais laissons au plus
grand statuaire de l'époque la responsabilité de son œuvre, et admi-
rons l'immense talent répandu sur cette sculpture, comme sur toutes
celles qui sont sorties de son ciseau habile et fécond.

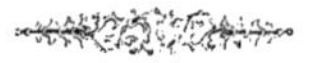

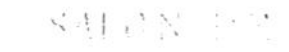

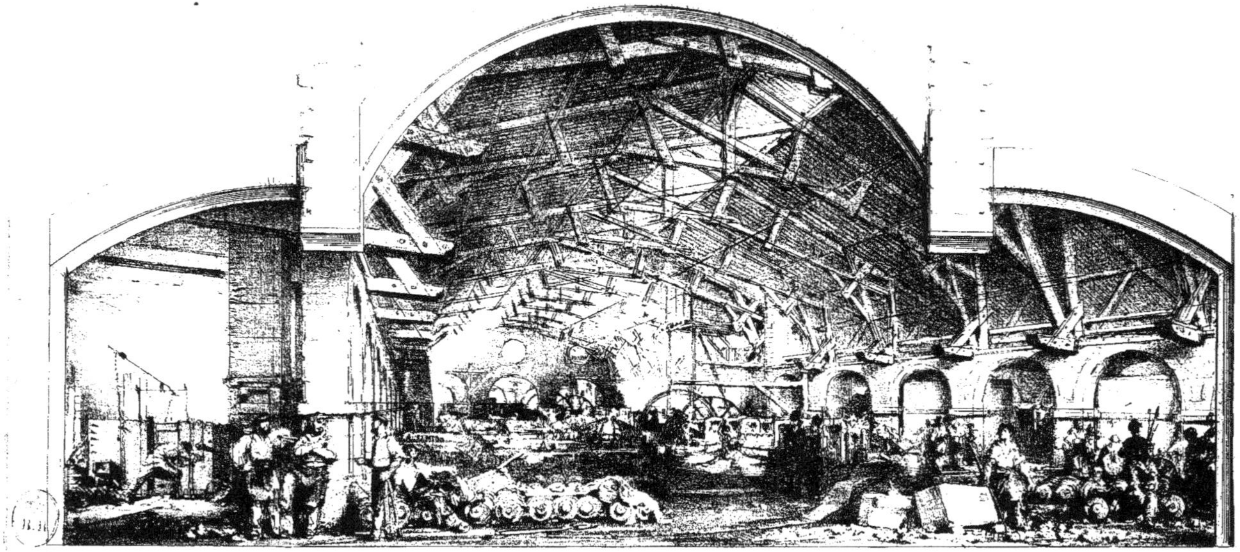

Forges de Fourchambault

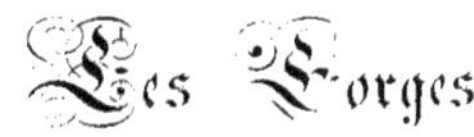 Les Forges

DE FOURCHAMBAULT,

Lithographié par M Challamel

Fourchambault, bien que situé sur la Loire, à une lieue de Nevers, n'offrait, en 1820, qu'une plage stérile et inhabitée. C'était comme une terre maudite au milieu de cette belle province du Nivernais, si riche, si fertile, si productive.

A cette époque, M. Louis Boigues, membre de la Chambre des députés et président du conseil royal des arts et manufactures, visita Fourchambault. Il résolut d'y fonder une usine à fer, d'après les procédés anglais, jusqu'alors de beaucoup supérieurs aux nôtres.

L'entreprise méritait de réussir: son succès a été complet. En moins de vingt années, cette usine prit un accroissement immense, à un tel point que la fabrication des forges de Fourchambault s'élève aujourd'hui à dix millions de kilogrammes de fer.

Il n'y a pas que l'industrie qui ait gagné à ce magnifique établissement. Un grand nombre de jolies petites maisons, entourées de jardins, sont venues se grouper à ses côtés: elles ont été bâties par les ouvriers des forges, avec leurs épargnes, et l'intéressante population de Fourchambault atteint déjà le nombre de trois mille habitants.

M. Louis Boigues était un de ces hommes honorables qui rejettent bien loin l'idée d'assimiler les hommes à des machines, comme on le fait en Angleterre, et de les ensevelir vivants dans des tombeaux infects, après les avoir tués dès leur jeune âge par un travail prématuré: horrible trafic qui inspira à mon ami Wilhelm Ténint une poésie, publiée il y a plusieurs années, et à laquelle je veux emprunter deux strophes.

Elle est adressée à des enfants qui travaillent dans une fabrique :

> Toi, qui n'as pas encor ta force,
> Arbre à demi développé,
> Déjà, dans ta fragile écorce,
> La hache du gain a coupé !
>
> Comme un nuage lourd et sombre
> Que la brise ne peut chasser,
> Sur toi chaque heure jette une ombre
> Lente à venir, lente à passer.

A Fourchambault, les ouvriers sont heureux. Il y a une école d'enseignement mutuel pour leurs enfants, un hospice et une caisse d'épargnes. Tout cela est l'ouvrage de M. Louis Boigues, que la mort a ravi trop tôt à la reconnaissance de ceux dont il avait su améliorer le sort. Mais ses dernières volontés ont été bienfaisantes autant que toutes les actions de sa vie. Sa mère, ses frères et sœurs sont demeurés fidèles aux intentions qu'il avait manifestées. Ils viennent de faire construire une église et un presbytère qui complètent l'ensemble de ce bel établissement.

Que cette notice soit un hommage de plus rendu à la mémoire de M. Louis Boigues, qui fut un homme de génie !

M. Bonhommé a pensé, avec raison, que les forges de Fourchambault offraient au peintre un sujet curieux et intéressant. Il s'y rencontre des beautés particulières, et pour ainsi dire inconnues en peinture. Rien ne peut être plus original que l'aspect d'une usine avec son mouvement, ses accessoires, sa foule laborieuse.

M. Bonhommé, après s'être fait un beau nom dans le genre, le paysage et le portrait, vient de se créer une spécialité qui sera d'un bon résultat pour l'art. Déjà, en 1838, il avait exposé un tableau remarquable des forges d'Abbainville (Meuse), de M. Muel Doublat; cette année, une seconde vue de cette usine importante complète son exposition.

M. François Bonhommé est né à Paris en 1809. Il est élève de Lethière et de M. Paul Delaroche.

Salon de 1849
Publication de la Presse littéraire
Joseph Lecornu

Andromède

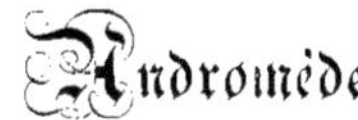

Lithographiée par M. Desmaisons.

Cassiope, femme de Céphée, roi d'Éthiopie, était renommée pour
sa beauté. C'était la merveille africaine; les voyageurs arrivaient en
foule pour la voir. Plusieurs princes s'étaient disputé sa main. Pour
une mortelle, on lui rendait trop d'hommages. L'implacable Junon
devint jalouse de Cassiope.

La belle reine d'Éthiopie osa se comparer à elle; mais Junon, la
déesse la plus puissante et la plus coquette de l'Olympe, se vengea,
elle et ses chères Néréides, qui étaient de moitié dans l'injure reçue.

D'abord Neptune vint en aide à Junon. Un monstre marin dévasta
le royaume de Céphée. Le roi d'Éthiopie consulta l'oracle qui servit
la haine de Junon, et répondit que les malheurs de la contrée ne ces-
seraient que si Andromède était enchaînée, exposée sur un rocher, et
dévouée à la rage du monstre.

Céphée obéit. Les Néréides exécutèrent elles-mêmes l'arrêt rendu
par l'oracle. Andromède gémit quelque temps dans cette horrible situation, appelant une prompte mort, redoutant plus encore le seul aspect du monstre que sa rage et sa voracité.

Mais Persée, fils de Jupiter et de Danaë. Persée, qui avait vaincu
et tué Méduse, à l'aide du bouclier de Minerve et des talonnières de

Mercure, fut touché du malheur d'Andromède. Monté sur Pégase, né du sang de Méduse. il vola délivrer la fille de Cassiope. et l'épousa.

Les acteurs de cette histoire ont été placés au ciel au nombre des constellations.

Cette poétique fable inspira un magnifique tableau à **M. Ingres**. M. Lescorné l'a prise pour sujet d'une délicieuse statue.

Andromède est attachée sur le rocher. Sa pose est encore suppliante. La douleur a contracté ses traits: tout son corps tremble de frayeur; elle sent que la mort est imminente, et le désespoir déchire sa pauvre âme éplorée. L'expression de la tête d'Andromède est admirable. Et quelle grâce dans la pose! quelle pureté de contours! quel modelé dans les chairs! N'y a-t-il pas de la vie dans ce marbre? Il semble qu'il n'y ait aucun travail de main, et que cette statue soit sortie toute terminée du génie du sculpteur.

Elle a, en outre, un avantage matériel immense : elle est en marbre de Paros, fort rare aujourd'hui. Ce marbre est le plus beau. comme le plus doux à l'œil.

M. Lescorné est auteur d'un *Saint Michel* fort remarquable. et du buste de Philippe V, fait pour Versailles. Nous indiquerons aussi les deux frontons de la galerie de minéralogie, au Jardin des Plantes, représentant, l'un la *Minéralogie* et la *Géologie*, l'autre la *Botanique*.

M. Joseph Lescorné est né à Langres (Haute Marne), en 1802. Il est élève de MM. Petitot et Cartellier. Il a obtenu une médaille en 1836.

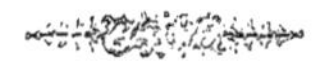

CLASSIFICATION DES DESSINS DE L'ALBUM DU SALON DE 1840.

Portrait de M. Barre père, par M. Alophe M., d'après M. AMAURY-DUVAL.

P. Ramus, par M. Mouilleron, d'après M. ROBERT-FLEURY.

Trois Amours poétiques, par M. Louis BOULANGER.

Le Rendez-vous de chasse, par M. Sorrieu, d'après M. H. GARNEREY.

Portrait de mademoiselle Rachel, par M. Alophe-M., d'après M. A. CHARPENTIER.

Le dernier Soupir du Christ, par M. Mouilleron, d'après M. GUÉ.

Abreuvoir d'animaux près de la Cervara (États romains), par M. HOSTEIN.

Luther enfant, par M. Desmaisons, d'après M. LÉCURIEUX.

Caravane arrêtée dans les ruines de Balbeck, par M. Challamel, d'après M. MARILHAT.

Le Diable transporte Jésus sur une haute montagne, par M. Ch. MULLER.

L'Aveu, par M. Mouilleron, d'après M. JACQUAND.

Vue prise à la mare de Bondoufle, par M. Tirpenne, d'après M. André GIROUX.

Embarquement d'Élisabeth d'Angleterre, par M. Alophe-M., d'après MM. Alfred et Tony JOHANNOT.

Les Batteurs de blé, par M. Bour, d'après M. J. JOLLIVET.

La Meute, par M. Eug. Cicéri, d'après M. G. JADIN.

Dernier repas de Marie Stuart, par M. Bour, d'après M. SERRUR.

Oreste réfugié à l'autel de Pallas, statue de M. Simart, fac-simile d'un dessin de Paul Flandrin, par M. ALOPHE-M.

Les Cygnes, par M. COLIN.

Le Retour de la ville, par M. H. BELLANGÉ.

Portrait de M. Félix d'Arcet, par M. Alophe-M., d'après M. GUIGNET aîné.

Médailles gravées, par M. BOVY.

La Saboterie, par M. Challamel, d'après M. FORTIN.

Le Retour de la ville, par M. F. GRENIER.

Paysage (campagne de Rome), par M. Français, d'après M. Paul FLANDRIN.

Cour ovale du château de Fontainebleau, par M. Victor Petit, d'après M. Justin OUVRIÉ.

Apparition de Beatrix au Dante, par M. Léon Noël, d'après M. Henri DELABORDE.

Vue prise à Saint-Cloud, par M. J. GUIAUD.

Atelier de sculpteur, par M. Henri BARON.

Criminels condamnés à cueillir le poison de l'Upas, par M. Wacquez, d'après M. JEANRON.

Ruines de l'abbaye de Longpont, par M. CHAMPIN.

Vue du lac de Némi, par M. Français, d'après M. CABAT.

Fac-simile d'un dessin original de Rubens, par M. Léon NOËL.

Justice de Trajan, par M. Challamel, d'après M. Eugène DELACROIX.

Vue prise sur le grand canal de Venise, par M. W. WYLD.

Le duc de Clocester et les enfants d'Édouard, par M. Oscar Jouvilliers, d'après M. GOSSE.

Le port de Marseille, par M. Eug. Cicéri, d'après M. Eugène ISABEY.

Portrait de M. Decamps, par M. Wacquez, d'après M. Jules ESEX.

Sainte Cécile, par M. Mouilleron, d'après M. J. VARNIER.

Vase funéraire, par M. Challamel, d'après M. PRADIER.

Les forges de Fourchambault, par M. Challamel, d'après M. BONHOMMÉ.

Andromède, par M. Desmaisons, d'après M. LESCORNE.

Chaque dessin séparé, 1 fr. papier blanc, 1 fr. 50 c. papier de Chine.

France Littéraire

NEUVIÈME ANNÉE

Paraissant tous les 15 jours, le Dimanche : 26 numéros par an.

PRIX DE L'ABONNEMENT :

Paris.	un an 40 fr.,	six mois 22 fr.,	trois mois 12 fr. » c.
Départements	— 46 fr.,	— 25 fr.,	— 13 fr. 50 c.
Étranger.	— 52 fr.,	— 28 fr.,	— 15 fr. » c.

Chaque numéro séparé, 2 fr. 50 c.

Pour l'Angleterre, 2 liv. sterl. par an.

BUREAUX, RUE DE L'ABBAYE, 4, FAUB. ST-GERMAIN.

Et chez tous les libraires de la province et de l'étranger.

NOUVEAUX OUVRAGES PUBLIÉS PAR CHALLAMEL, ÉDITEUR, 4, RUE DE L'ABBAYE.

VIE DE JÉSUS-CHRIST, texte de Bossuet, illustrée de 20 dessins, frontispice et vignettes, imités des anciens maîtres Albert Durer, Raphaël, Holbein, Goltius, etc.; par Th. FRAGONARD, lithographiés par Challamel. In-4° cartonné, papier blanc, 13 fr.; papier de Chine, 18 fr.

LE MÊME OUVRAGE, colorié dans le style des vieux manuscrits, avec des ors de diverses couleurs, en feuilles, 80 fr.; relié, 90 ou 100 fr.

VIE DE LA SAINTE-VIERGE, texte par M⁰⁰ ANNA MARIE, 20 dessins, 22 feuillets de texte, frontispice et vignettes imités des vieux missels; par Th. FRAGONARD, lithographiés par Challamel et Mouilleron. In-4° cartonné, papier blanc, 16 fr.; papier de Chine, 20 fr.

LES PLUS JOLIS TABLEAUX de Téniers, Terburg, Metsu, Van Helst, P. Potter, A. Ostade; lithographiés par L. Noël, Devéria, L. Boulanger, Midy, Colin et Sorrieu, avec texte explicatif. In-4° cartonné.   10 fr.

KEEPSAKE DES JEUNES AMIS DES ARTS, un beau volume in-8°, orné de 12 dessins, d'après Horace Vernet, Roqueplan, Johannot, Giroux, Robert-Fleury, Th. Fragonard, Challamel, Mouilleron, etc., etc.; cartonné. Prix : 8 fr.; relié, 10 et 12 fr.

OEUVRES COMPLÈTES DE MAISTRE FRANCOIS VILLON, poëte du quinzième siècle; 1 vol. in-8°. Prix : 5 fr.

ANNUAIRE DE LA SOCIÉTÉ PHILOTECHNIQUE, année 1840; 1 vol. grand in-18. Prix : 2 fr. 25 c.

LE MUSÉE D'ARTILLERIE ESPAGNOL, ou collection de 80 planches in-f° ; gravées sur pierre, sur acier, et reproduisant les armes de toute l'Espagne célèbre, jusqu'à Philippe II et Charles-Quint. 2 vol. in-folio ornés d'un texte illustré. Prix de l'exemplaire en noir.. . . . . . 110 fr.
          Sur papier de Chine, 160 fr. Colorié. . . . . 210 fr.

LES ANCIENNES TAPISSERIES HISTORIÉES, ou collection de 123 gravures in-folio, accompagnées d'un texte illustré; 2 vol. in-folio.
          Prix des 22 livraisons, en noir.. . . . . 330 fr.
               Papier de Chine, 880 fr. Coloriées. . . . 1.540 fr.

www.ingramcontent.com/pod-product-compliance
Ingram Content Group UK Ltd.
Pitfield, Milton Keynes, MK11 3LW, UK
UKHW020249180726
13839UKWH00001B/259